圖解台灣

廟會文化事典

Temple Fairs in Taiwan

謝宗榮 著

廟會實境 × 角色轉換 × 進香遶境 × 祈福拜拜

自序

台味嘉年華

台灣人愛熱鬧，湊熱鬧、看熱鬧經常是大多數人的生活重心之一，而以迎奉神明為主的迎熱鬧，也就是通稱的廟會，也成為相當普遍的集體人群信仰活動。以迎神為主的廟會活動，除了表現民間信仰的重要精神之外，所呈現出的熱鬧氣氛更是台灣十分特殊的社會現象。廟會、夜市與選舉也並列成為台灣晚近三大熱鬧現象。

台灣的廟會活動蓬勃興盛，內容豐富，類型多元，除了是台灣人的傳統休閒活動以及文化學者研究、觀察的對象之外，許多深具地方特色的廟會活動，也被中央文化部或各縣市文化局登錄為無形文化資產。由於這些廟會具有豐厚的文化價值，因此坊間也不乏以廟會為主題的出版品，只是這些出版品不論是影像的或是書面的，大多數都是以單一的廟會活動（如某某祭典）或是特定主題（如中元祭典）居多，少數則有含括一個地區內的數項廟會活動者，或是列舉各類型祭典儀式者，但是以廟會為主題而就各個面向做整體性介紹者，迄今仍是十分罕見。

筆者過去也曾經撰擬多篇以廟會文化為內容的文稿，也曾出版與廟會文化相關的專著，但大都是以論文或專題報導的方式寫就，或發表於研討會，或刊載於期刊。而這冊《圖解台灣廟會文化事典》的內容，則是在信仰文化的架構下，就廟會各個主要面向，逐一編撰而成，不同於以往將數篇論文集結而成的型態。首先，筆者在第一章〈緒論〉中概略說明台灣廟會的文化脈絡，第二章則解析台灣廟會的類型與功能。其次在第三章與第四、五章中，分別介紹廟會中所見的人與物。接下來的第六章到第十一章，筆者用了超過半數的篇幅，分別介紹台灣常見的廟會類型，包括人們較為熟悉的進香、遶境、法會、醮典等，與深具台灣本土特色的普度賑濟、送瘟禳災，還有就是一些習俗性法事如安太歲、乞龜、制解、扶乩、求財、求姻緣與祈考運等，以及一般人對於廟會最主要的印象——戲曲與陣頭。最後在〈結語〉一章中，簡略說明舉行廟會的主要精神與內涵。

筆者深知台灣的廟會其內容相當豐富而多元，光是某一項大型廟會活動，如東港平安祭典、西港刈香醮典等，就足以編撰成一部十分具「份量」的專著，而想要在二、三百頁的篇幅中囊括如此多樣化的內容，其結果是所有的項目都難免落入抓襟見肘的狀況。如何能精要的說明廟會文化的各個面向？又必須全面性關照到廟會的各項內容，這正是本書在撰寫時最大的挑戰。作為一冊廟會文化的「入門」讀本，筆者想要呈現在讀者面前的不僅是「看熱鬧」式的印象，也希望能在這不算大的篇幅中，讓讀者也能有「看門道」的收穫。

人類學者有一個十分重要的理論——「文化變遷」，意思是說所有人類的文化現象都是會隨著時間、環境的不同而產生變化，這種變遷若非來自外力的強力干預，如 1950 年代官方推行的「改善民俗、統一祭典」，都是應該被尊重的自然變化，生活、民俗與宗教都是如此，廟會文化自然也不例外，因此當代我們在廟會活動中所見所聞或許已和二、三十年前有很大的變化，尤其是形之於外的各種供品、祀具，甚至是祭祀進行的方式。文化變遷既然是無可避免的趨勢，當我們在觀察當代廟會文化時，也就無須過度執著於一些外在現象或行為的改變，而是應該省察廟會內在的精神與義理是否能一本初衷？台灣北部地區拜三界的紙糊燈座中印有一句話——「一心誠敬」，這應該才是我們在敬神、祭祖或觀察廟會活動時所要秉持的心態！

台灣的廟會文化豐富多元，除了因應節令、神明聖誕而舉行的信仰活動之外，又有許多不定時舉行的祭祀活動，再加上同一主題的廟會活動在不同的區域也都有其各自的特色，即便是個人窮其一生也無法全部加以「閱覽」一遍，更何況是生命中短短的三十年？生命有限而知識無限，想要用人生有限的精力來追尋浩瀚無限的文化內涵，這不正是莊子所說的「以有涯隨無涯，殆已」。就一個已進入耳順之齡的人來說，髮蒼蒼、視茫茫、齒牙動搖已經是既成的現實，今後恐怕也難以再效法屈原「路漫漫其修遠兮，吾將上下而求索！」的精神了。

感謝晨星出版公司執行主編文青兄的敦促並參與本書的企劃，第六章到第十章的標題其實是出自他的手筆。而這本「為成書而撰稿」的著作，其實在一年前就應該準備付梓了，只是一年多來筆者因突遭家庭變故而無法專心寫作，甚至曾幾度想要放棄。所幸內子李秀娥女士在這段時間幫忙擔起較多無法避免的生活雜務，讓筆者在奔波之餘還能勉力完成書稿。

在邁入生命中第二個「甲子輪」之後，筆者即便對於探索傳統宗教、民俗文化的熱情仍不減，但體力與精神已無法像一、二十年前那般的「馳騁」了，因此以這本書作為筆者人生中第二個本命年的紀念也別具意義。而這一冊作為企圖囊括所有台灣廟會文化各個面向內容的「通識」讀本，在個人有限的時間、精力之下，難免會有許多遺珠之憾，這一點還是希望讀者能夠體諒。

最後，筆者還是要一貫性的在序文中許願：祈願慈悲的眾神庇佑居住在這個美麗寶島上的萬千良善子民！

謝宗榮

2020 年歲次庚子立夏
謹誌於台北內湖耕研居

目錄

緒論

台灣廟會活動的文化脈絡

台灣民間的信仰興盛，寺廟數眾多，廟會活動也十分蓬勃。廟會是以寺廟或神祇為主，所舉行的各種具有宗教信仰性質意義活動的總稱，除了最普遍的神誕祝壽及相關活動之外，主要有進香、出巡、遶境、暗訪、過爐等年例性的活動，以及因為不同目的所舉行的法會、建醮等。這些類型多元的廟會活動，與各類型的神祇信仰、寺廟，都構成台灣漢人社會中相當重要的常民文化內涵。廟會活動除了本身既有的宗教信仰重要意義之外，也具有凝聚、整合聚落內信眾的功能，此即「以社會民」的酬神賽會之「社會」精神所在。而從寺廟的創建及祀神的發展，以及廟會活動的變遷，也可瞭解漢人族群三百多年來在台灣的移民過程，以及信仰、民俗文化的在地化特色。

寺廟是台灣傳統宗教信仰的核心所在，除了寺廟本身靜態的祭祀對象、祭祀空間、宗教信仰文物等之外，以寺廟為中心所發展出的動態活動、慶典及習俗等，更是台灣傳統宗教信仰文化中的重要成分。在台灣傳統漢人社會諸多動態文化中，這類通稱為「廟會」的信仰慶典活動，往往動員最多、層面最廣，尤其是以主神神誕為主的年度例祭慶典活動，堪稱為傳統村落的「嘉年華會」；而許多歷史悠久、較具特色的廟會活動，更成為吸引眾多觀光客的著名民俗活動。因此，從觀察傳統的神誕、廟會、陣頭、習俗等活動，當可瞭解傳統民間社會的宗教信仰意涵與民間文化中豐沛的生命力。

日治時期大稻埕廟會

廟會的起源
祭祀天神、人鬼、地祇、物魅等活動

廟會是以祭祀神祇為核心而發展出的群體性的信仰活動，因此，神祇之祭祀其靜態的形式為廟堂之供奉，而動態的形式即是以祭祀禮儀為核心所發展出來的各類信仰活動。《左傳．成公十三年》載：「**勤禮莫如致敬，盡力莫如敦篤。……國之大事，在祀與戎。**」祀，指祭祀，也指祭典。戎，即兵戎，指兵器、軍隊，也指戰爭。春秋時期，對於一個諸侯國來說，祭祀和戰事是國家最重要的大事。

祭祀禮儀的文化脈絡

古代漢人社會的傳統宗教信仰主要的內涵為「自然崇拜」與「靈魂崇拜」，在萬物皆有靈的「泛靈」信仰基礎下，不僅是一般民間所祭祀的對象十分多元，即便是天子、帝王也多依循節令來祭祀不同的對象，如《周禮．春官．大宗伯（宗伯下）》載：「**（天子）以冬日至，致天神人鬼，以夏日至，致地示（祇）物魅，以禬國之兇慌，民之札喪。**」在這短短的一段文字中，除了指出先秦時期中國的天子除了每年在冬至與夏至這兩個節令要舉行祭祀之外，也說明其祭祀的對象十分廣泛，可區分為天神、人鬼、地祇、物魅等四大群。「天神」是指先天諸神，包括地位至高無上的「昊天上帝」（即民間所稱的「天公」）與天上的日月星辰、風雨雷電等；「人鬼」即是指祖先之神，日後也擴充包括生前對社稷有功的先聖先賢；「地祇」則指以土地神為主的地面諸神，包括山川河嶽甚至是農業之神（稷）；「物魅」主要有兩大群，一為自然界中未具神格的各類精靈，二為在自然界生長的萬物，包括植物、動物、礦物，甚至是人造物如門、戶、井等。這些祭祀活動在漢人三千餘年的歷史中，也逐漸被制度化成為上自帝王，下至百官主要的職務之一，而一般百姓庶民的祭祀雖然未載史冊，但隨著地域性的發展，也各自形成了具有地方特色的多元祭祀文化。

祭祀禮儀為宗教文化主要的活動之一，在人類社會中不論是起源於原始社會的民間信仰，亦或是日後所發展出的制度化宗教，皆十分重視祭祀禮儀，並且從最簡單的「祈禱」而發展出繁複而具有藝術化特徵的儀軌。祭祀禮儀之起源，主要是人們企圖藉由對神祇進行奉獻的行為而獲致神祇之降福，因此獻供即成為祭祀禮儀最基本且具象的行為。

《說文解字》說：「**祭，祭祀也，从示，以手持肉。**」「**祀，祭無已也，从巳聲。**」「**禮，履也，所以祀神致福也，从示从豊，豊亦聲。**」故由人們用手拿著肉（祭品）獻給鬼神的行為便稱為「祭」，這種行為要長久不輟（巳）叫「祀」。後世「祭」、「祀」兩字連用變成一個詞聯，專指人們對於鬼神的供奉禮拜行為。「禮」的本意，根據許慎的說法，它原指人們履踐侍奉鬼神的行為，並希望獲得鬼神的降福，由於鬼神種類繁多，人的身分又各有不同，祭拜不同的鬼神有不同的祭品與形式，身分不同的人所拜的鬼神種類也不同，這都會慢慢形成一種制約或規定，故後世「禮」字便含有「規範」的意義在內。[1]

1 徐福全，《臺灣民間祭祀禮儀》，頁4。新竹：臺灣省立新竹社會教育館，1995年。

玉皇大帝與三官大帝為古老的天神崇拜之一（台北松山奉天宮）

在祭祀禮儀中，為了彰顯禮儀之精神與意義，除了在禮儀進行過程中配以樂、舞以饗神鬼之外，莫過於祭品之運用。禮儀之呈現除了透過儀軌加以演繹之外，即藉由祭品來引導行禮者進入禮儀的核心精神，並讓觀禮者感受祭祀禮儀的信仰氛圍，乃祭祀禮儀最具體的表徵。祭品之類型，也隨著時代之不同而產生巨大之變化，在民間信仰中，更隨著地域性的習俗而發展出繁複的面貌。此一現象也造成人們對於祭品內涵的認知產生誤解甚至是扭曲，再加上以儒家思想為主的知識份子往往視之為俚俗而加以貶抑，這此一「輿論」氛圍也令掌理政權者每每欲加以疏導、改善，而導致祭祀禮儀中的供品因外力影響而產生巨大變遷。

凡是禮儀皆須具備三種要素：禮器、禮文、禮義[2]。禮義為禮之核心精神、目的與功能，禮文為行禮的儀節動作、程序，而禮器即祭具與供品、服裝。在這三要素中，以禮義為核心，其次為禮文、禮器。《禮記・郊特牲》說：「**禮之所尊，尊其義也。失其義，陳其數，祝史之事也。故其數可陳也，其義難知也。知其義而敬守之，天子之所以治天下也。**」雖然禮義與禮文為行禮的主要精神與規範，但禮器由於乃是具體而可見之物，因此常成為呈現禮儀形式的主要外在象徵乃是禮義的形象載體。就祭禮而言，古代所須使用的祭器有鼎、匕、俎、爵、尊、角、壺、籩、豆、簠、簋、敦等，而牛、羊、豬、腊、魚、黍、稷、稻、粱、酒、水等祭品也包含在內，甚至連參與祭祀者所穿的服裝也可以說是廣義的禮器。後世祭祀之常見禮器，有金、香、燭、炮、全豬、全羊、五牲或三牲、菜肴、酒水、粿類等。行禮時便是藉著這些器物（祭品）的陳列擺設，利用具體的東西而將抽象的意念引導出來，使行禮者及觀禮者能從這些器物所架構出來的情境中，體會出行禮的功能或目的。[3]

祭、祀小篆體

又根據《說文解字》來看，祭祀行為外在主要的形式特徵，乃是手持祭品（肉）奉獻給鬼神的形象，因此祭品、供品以及相關的祀具，雖然非最主要的核心要素，但在祭祀禮儀中卻具有十分重要的實質意義，乃是祭祀禮儀不可或缺的要素。因此，即便如不語怪力亂神的孔老夫子，也反對任意去除、改變祭祀禮儀中的禮器（祭品）。《論語・八佾》即說：「**子貢欲去告朔之餼羊。子曰：『賜也，爾愛其羊，我愛其禮。』**」在祭祀禮儀中，祭品、祀具雖非主要的目的，但除去祭品、祀具之後，行禮者或觀禮者便無從遵循、體會祭

2 徐福全，《臺灣民間祭祀禮儀》，頁13。

3 徐福全，《臺灣民間祭祀禮儀》，頁13。

祀禮儀之精神與意義。

《禮記・祭統》也說：「賢者之祭也，必受其福。非世所謂福也。福者，備也；備者，百順之名也。無所不順者，謂之備。言：內盡於己，而外順於道也。忠臣以事其君，孝子以事其親，其本一也。上則順於鬼神，外則順於君長，內則以孝於親。如此之謂備。唯賢者能備，能備然後能祭。是故，賢者之祭也：致其誠信與其忠敬，奉之以物，道之以禮，安之以樂，參之以時。明薦之而已矣。不求其為。此孝子之心也。」職是之故，在祭祀禮儀中，若要達到表現虔誠、恭敬等心理與態度，首先即先要「奉之以物」，這也顯示在漢人社會中一向重視祭祀之物（供品、祀具）的傳統精神。

新竹新埔義民爺祭具有濃厚的區域性特色

祭祀禮儀的對象

祭祀禮儀的主要精神，乃是對天地、神靈、祖先等表達感恩、祈求降福，以及與超自然世界溝通的行為。先秦時期以孔子為首的儒家對於祭祀事務即十分重視，並將各種目的、對象與執行者（祭拜者）不同的祭祀儀式，制度化為「禮儀」，「吉、凶、賓、軍、嘉」等五大類型禮儀中，為首的吉禮即是祭祀天地、鬼神之禮儀。其祭祀之禮也制度化而發展成為「宗廟社郊」等祭祀神靈的形式。宗廟是祭祀祖宗的場所，後來也衍生成為祭祀先賢之場所，而社郊是宗廟之外的祭祀場所，主要是祭祀天地神祇。社神即社稷之神，社祭即土地崇拜，與之相連相應的另一種自然神崇拜即是郊祭，所祭祀的對象為以天為主的神祇，包括日、月、星辰等，是社祭的延伸，也是宗廟制度的補充。[4]

在中國古代，宗廟原為皇室以至於士等上層階級所祭祀祖先的專利。《禮記．王制》載：「**天子七廟，三昭三穆，與太祖之廟而七；諸侯二昭二穆，與太祖之廟而五；大夫一昭一穆，與太祖之廟而三；士一廟，庶人祭於寢。**」宗廟、祖先之祭祀特別受到先秦以降的的帝王所重視，甚至在不同的季節也有其專屬的祭儀名稱，如《禮記・王制》：「**天子、諸侯宗廟之祭，春曰礿，夏曰禘，秋曰嘗，冬曰烝。**」

其次在郊祭方面，中國古代在帝王以「天子」自居的情形之下，郊祭所崇祀的神祇，以「昊天上帝」為尊。其次，也因為「以農立國」的國祚大計，故次尊土地山川諸神，而兼有社祭之精神，因此有「皇天后土」之並稱。對於一般庶民階層而言，宗廟之祭與郊祭是不允許的，再加上一切民生取諸土地，又有安土重遷之傳統，故特重土地諸神之祭祀。因此以祭祀土地神為主的「社祭」，便普遍盛行於民間，成為廣土眾民最主要的信仰活動。[5]

中國古代從帝王以至於百姓，都十分重視土地諸神之祭祀，所祭祀之神祇對象亦多，古代總其名稱為「社稷之神」，或簡稱為「社神」。《重修緯書全集》卷五〈孝經援神契〉說：

---

4 高有鵬，《中國廟會文化》，頁8。上海：上海文藝出版社，1999年。

5 謝宗榮，《臺灣的廟會文化與信仰變遷》，頁13-14。台北：博揚文化公司，2006年。

「社者，五土之總神。土地廣博不可遍敬，故封土為社而祀之，以報功也。」《獨斷》載：「先儒以社祭五土之神。五土者，一曰山林，二曰川澤，三曰丘陵，四曰坟衍，五曰原隰。」「社」之祭祀為地祇諸神中最受重視者，在廣義上可代表地神。對天子而言，社就是地，但對於天子以下的諸侯大夫等，社不即是地，是他所管轄的那一部分土地，而對於一般民眾而言，社即是他們日常生活的土地範圍，[6]故上至天子，下至百姓，對於社之祭祀都特別重要。《禮記．祭法》說：「王為群姓立社，曰大社；己自為立社，曰王社；諸侯為百姓立社，曰國社；諸侯自為立社，曰侯社；太夫以下，成群立社，曰置社。」其中百姓成群所立之社，一般稱為「鄉社」，祭祀社神之行為稱為「社祭」，即後世所通稱的「社火」或「廟會」，而祭祀社神之所，亦即後世「社廟」之起源。[7]

6 陳來，《古代宗教與倫理——儒家思想的根源》，頁126。北京：三聯書店，1996年。
7 謝宗榮，《臺灣的廟會文化與信仰變遷》，頁14。

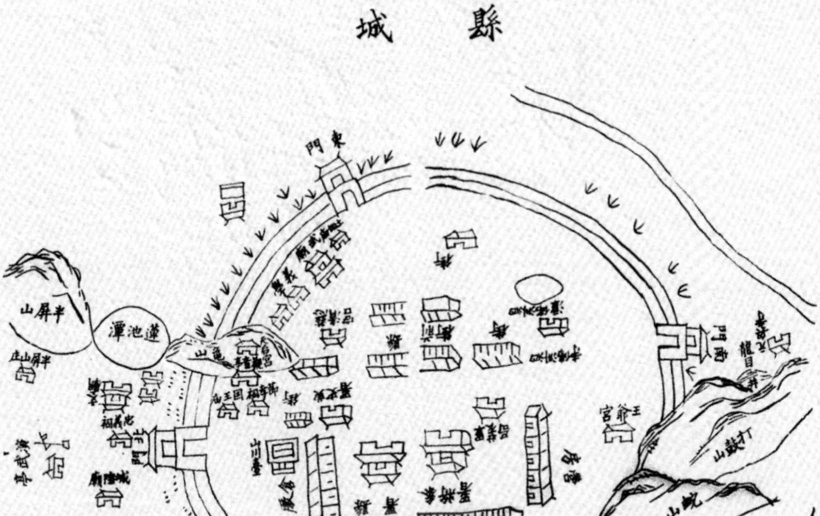

早期台灣先民開墾須面對不可預測的天災，祭祀神祇以求民安就極為重要。圖為鳳山舊城內祭祀空間分布，可見墾民信仰的對象／引自《重修鳳山縣志》

中國古代「社廟」所祭祀之神，以「五土之神」為主，再加上穀物之神「稷神」，成為「社稷之神」。但隨著歷史之傳衍，諸多有功於社稷之先聖先賢，受到人們之崇敬，在《禮記．祭法》所揭示的五大原則：「法施於民則祀之，以死勤事則祀之，以勞定國則祀之，能禦大災則祀之，能捍大患則祀之。」等指導之下，鄉土功烈之神遂逐漸成為後世社廟所崇奉之主要神祇，而這些形形色色的社神信仰，也成為傳統宗教信仰的主要核心。以祭祀社神的「社祭」活動，在傳統民間文化生態中，一向為民眾所特別重視。在社祭活動中，民眾皆踴躍參與，彼此分工，並透過集體性的社祭活動，來作為人與人之間交流之重要管道，此即「以社會民」之「社會」的起源。這種集體性的社祭活動，人類學家林美容稱之為「公共祭祀」[8]，亦即學界一般通稱的「民間信仰」之主要內容。[9]

祭祀活動的類型

由於祭祀事務為國之大事，古代漢人社會除了就郊社宗廟等固定場所對於天地神鬼等的祭祀之外，為了確保生存的順遂而多有豐收的祈求與趨吉避凶的需要，因此也發展出許多相關的祭祀面向。其中歷史悠久且影響深遠的祭祀類型，主要有雩祭、腊祭、儺祭、厲祭等四大祭典。雩祭主要為祈雨，通常在春耕時期舉行；腊祭目的在祈求豐收，通常在秋收前後舉行，而這兩類祭典也是古代農業社會保障生活最主要的祈求。儺祭則是驅鬼祭典，目的在驅逐入冬之後可能隨陰氣而生的邪祟鬼魅，通常在歲末年終舉行；厲祭為祭祀無主孤魂，每年於清明、中元、十月朔日等三節舉行。雩、蜡、儺、厲等皆為中國古代官方的用語，在民間則因地域的不同而各有其稱呼。

8 林美容，1993，《台灣人的社會與信仰》，頁8。台北：自立晚報文化出版部。

9 林美容認為：「民間公眾祭祀」是指在一定祭祀圈內之集體性，或群體性的共同祭祀，基本上有兩種組織型態，一種叫做祭祀圈，是指地方社區義務性共同祭祀天地神鬼的組織；另一種叫做信仰圈，是指以某一個神明及其分身之信仰，為中心的區域性信徒的志願組織。無論祭祀圈或信仰圈，基本上都是一種地域組織（territorial organization），名義上是拜神，實際上是某一範圍之內的人群組合。（參見林美容，1993，《台灣人的社會與信仰》，頁3。）

雩祭在古代為開春之後的主要祭典，目的在透過獻舞樂以祈求天降甘霖，使農作物能順利成長，也就是當代民間常見的祈願「風調雨順」，如黃河平原地區有「二月初二龍抬頭」之說，在是日以歌舞祈求龍王以降雨。中國古代有關雩祭的文獻不說，最早可見於《論語・先進》中孔子與弟子子路、曾晢之間的對話：「**子曰：『何傷乎？亦各言其志也。』（曾晢）曰：『莫（暮）春者，春服既成。冠者五六人，童子六七人，浴乎沂，風乎舞雩，詠而歸。』**」但這段文字僅提到「舞雩」一詞，並未說明舞雩的目的。在《禮記・祭法》中載：「**雩宗，祭水旱也。**」說明雩祭的目的在祭水旱，而《荀子・辨物》則載：「**夫水旱俱天下陰陽所為也。大旱則雩祭而請雨，大水則鳴鼓而劫社。**」明白指出雩祭的目的在祈雨以解旱災，在水利設施不普及的看天吃飯農業社會中，雨水是種植作物農民的甘霖，關乎民生大計。因此，每年在開春之時的祈雨祭祀，變成為上自天子下至庶民相當重視的祭祀活動。

蜡祭為古代秋收期間的主要祭典，主要在祈求作物豐收，祭祀的對象有八，《禮記・郊特牲》載：「**天子大蜡八。……蜡之祭也。主先嗇，而祭司嗇也。祭百種以報嗇也。饗農及郵表畷，禽獸，仁之至、義之盡也。古之君子，使之必報之。迎貓，為其食田鼠也；迎虎，為其食田豕也，迎而祭之也。祭坊與水庸，事也。曰「土反其宅」，水歸其壑，昆蟲毋作，草木歸其澤。**」蜡祭所祭祀的對象主要為「司嗇」，即司稼嗇之神，主管農作之收穫，又稱為先嗇、先農，也是古代司稷之神，與社神並成為「社稷」，後來「社稷」一詞也成為國家的代表。除此之外，蜡祭也祭祀貓、虎等，貓會補抓田鼠，而虎則會捕獵田豕（野豬），祭祀貓虎以祈求農作物不被田鼠、野豬所破壞。最後要祭祀坊與水庸，以祈求雨水不要氾濫，昆蟲不要破壞農作物，而所有草木能得水澤之利而生長茂盛，這裡的坊與水庸，則為後世城隍信仰的起源。

由於在農業社會中農作物的種植與收穫關係著民生大計，是國家存在的根本，故為政者必須關心其事，而民間在民以食為天的環境中，自然也是十分重視，因此也形成「春祈秋報」的祭祀文化與信仰活動。由於有土斯有財之故，所有的農作物甚至是牲畜，都是賴土地以生養，所以也將收穫的祈求將土地的信仰相結合，而形成「春社」、「秋社」的祭祀，這也是漢人社會中廟會活動最早的開端。

儺祭在古代文獻中也作「難祭」，最早與蜡祭有關，主要的內容是扮神鳥以驅蟲，後來發展成為扮神獸以驅鬼逐疫。

中秋節插土地公拐，為傳統「春祈秋報」習俗中的秋報。

萬善同歸義塚俗稱大墓公，收埋無主枯骨（台北芝山岩）。

《周禮·夏官·司馬氏》載：「**（方相氏）掌蒙熊皮、黃金四目、玄衣朱裳、執戈揚盾，帥百隸而時難（儺），以索室驅疫。大喪，先柩。及墓，入壙，以戈擊四隅，驅方良。**」古人認為歲末入冬之後，由於陰氣上升，性屬陰的眾多邪祟容易乘陰氣而引發疫病，因此就必須藉由扮演凶猛的神獸來驅逐邪祟、疫氣。不同於前述雩祭、蜡祭是以官方為主導的祭典，儺祭則是上自宮廷下至庶民十分普遍且年年不斷舉行的祭典，除了以宮廷為主的「大儺」之外，軍隊有「軍仗儺」，而民間則有「鄉人儺」，如《論語·鄉黨》載：「**鄉人儺，朝服而立於阼階。**」孔子認為，鄉人們在舉行驅鬼儀式時，要穿朝服站在東邊的臺階上，以示對於祭典的尊重，也可防止被驅逐的邪祟、疫氣竄入廟堂內。這種歲末驅鬼逐疫的傳統，迄今仍普遍存在於民間的節令祭祀文化中，而在冬、春相交之際，乘陰氣所發展的邪祟、疫鬼，也就是民間傳說的「年獸」，也因此形成許多各地面貌多樣的年俗。

厲祭祭祀的對象為無主孤魂滯魄，也是鬼靈的一種型態，主要是因無嗣而無法饗祀於堂者，因此就要透過每年的祭祀使其享有香火，而不至於成為作祟人間的「厲」。漢人傳統的信仰乃是一種萬物有靈的「泛靈」信仰，「鬼靈」即是其中與人最為貼近的超自然的「存在」。《禮記·祭法》曰：「**大凡生於天地之間者，皆曰命；其萬物死，皆曰折；人死，曰鬼。**」鬼即是人死亡以後的狀態，因此在傳統信仰文化中並不可怕，令人畏懼的是因「無歸」所演變的「厲」。

漢人社會自古即特別講究「香火」觀念，因此在「不孝有三，無後為大」的思想下，無嗣而死亡者就會成為無嗣的孤魂，進而可能對於家族或社會造成危害。其次，也在「生死事大」的觀念下，漢人社會特別注重人的命終狀態，認為凡是非自然死亡者，若沒有經過一定儀式的處理，也可能因此而變成威脅世人安危的厲鬼。基於畏懼與悲憫的雙重心理，以及傳統「鬼有所歸，乃不為厲」（《左傳·昭公九年》）的文化信仰，漢人社會對於對於「橫死」者之魂魄，多要採取特別謹慎的「處理」方式，希望藉由撫慰、送走魂魄的儀式，來達到人與超自然鬼靈世界之間的和諧秩序。因此上自天子下至一般庶民，對於無嗣之鬼魂以及強死之鬼，多懷著敬謹畏懼的心理來舉行祭祀，所祭祀的對象也因層級的不同而有名稱上的差異，根據《禮記・祭法》所載：王（天子）祭「泰厲」、諸侯祭「公厲」、大夫祭「族厲」，而一般士以下的階層雖並未規範其厲祭之名，但基於悲憫與畏懼的心情，祭祀無主孤魂也成為年例節令之俗，其祭祀的類型可稱為「鄉厲」，一如儺祭中的鄉人儺。

當代祭祀文化內涵

漢人社會豐富多元的祭祀文化，簡略可以歸納為祀天地、祭社神、奠鬼靈、辟邪煞等四大內涵。祀天地即是祭祀天神與地祇，其禮儀多以莊嚴隆重為尚，尤其是在祭祀天公（玉皇大帝）、三界公（三官大帝）時；奠鬼靈為奠祭祖先、孤魂等，多以哀戚之情舉行，其禮儀或為獻供尚饗，或為拔度超生，多注重莊嚴之氣氛；辟邪煞則是禳除有可能危害人間幸福、造成災厄病痛的邪祟與煞氣，這類祭祀禮儀多帶有強烈驅趕的法術性質，因此也多具有神秘的氣息，但秉著以和為貴的和諧精神之下，在正式進行驅逐之前也多會先行祭祀。而祭社神則是祭祀境內之守護神為主，小自一方土地之神，即古稱里域（社）真官（宰），後世通稱土地公、福德正神、伯公等神，大則到儒釋道所崇奉的高階神，如文衡聖帝（關聖帝君）、觀世音菩薩、玄天上帝等。這類祭祀禮儀，除了注重儒家的肅穆、佛教的莊嚴、道教的隆重等，民間也多以迎神出巡、演戲祝賀等型態來呈現熱鬧的氣氛，而達到

迎天公遶境為八卦山地區特殊的廟會活動（彰化芬園）

土地公也被奉為最早的財神。

關公為漢人社會普遍的先賢崇拜

既娛神又可娛人的圓滿境地。

這種演戲祝壽、迎神出巡的信仰活動，也是台灣一般民眾印象中的廟會印象，再加上大型的祭祀活動如禮斗法會、建醮等，以及一些為了消災解厄、超度孤魂的習俗性活動，共同形成的台灣廟會的多元豐富內容。而不管廟會在形式上的差異為何，溯其根源都是起源於祭祀，不管廟會中的各類型活動多麼熱鬧，也都是圍繞著以祭祀神靈為核心的祭祀禮儀、祭典等。在娛樂尚未多元化的年代中，廟會中的演藝與陣頭活動，以及五花八門的供品與裝飾工藝，也是一般民眾主要的精神娛樂。也由於廟會活動的興盛，使得戲曲、陣頭演藝與各項民俗工藝得以藉此持續生存而成長，以廟會為主的信仰活動也成為各類民間演藝賴以維持的主要基礎，而民間信仰與廟會活動更是藉著這些民間演藝活動而展現出多采多姿的風貌。

廟會為傳統社會中重要的信仰生活之一（西港香宋江陣）

台灣民間信仰發展與廟會型態的變遷

台灣的開發，主要以來自中國閩、粵兩省的漢人族群為主力，近四百年來在不斷移民墾殖的過程之下，使得台灣發展成為以漢人族群為主的社會型態。基於移民墾殖的歷史背景，使台灣漢人社會具有濃厚的移民社會特質，此一特質，也導致台灣漢人文化面貌由早期唐山移植的「內地化」，在歷經適應環境的過程中而逐漸產生屬於本地文化特色的「在地化」發展。社廟與神祇信仰是組成傳統漢人常民文化十分重要的基礎，在台灣移民漢人社會特質的影響之下，自然也會逐漸產生屬於本地的在地特色。

隨著數量眾多的寺廟之建立，以祭祀神祇、祈福為主的廟會活動也備受人們之重視，成為台灣漢人社會傳統信仰文化中十分重要的一環。台灣寺廟數量眾多，廟會活動也相當豐富而多元，從年初一直到年底，每個月幾乎都有許多不同型態的廟會在進行著。不同的廟會型態，除了反映出區域性的民俗特色之外，也與歲時節令相結合，成為傳統社會民眾

迎神活動中的陣頭，使廟會成為嘉年華會（台北霞海城隍遶境）。

生活中相當重要的宗教性休憩活動。當然，也緣於上述台灣漢人移民社會的文化脈絡，人們對於祀神、迎神之廟會活動就特別熱衷，使廟會活動成為台灣漢人社會的主要本土文化特色。

台灣民間信仰的發展脈絡

台灣統民間的傳統宗教信仰既以神祇、社廟為核心，神祇崇拜與社廟建立的發展也就成為傳統宗教信仰文化的主要內容，以祭祀神祇為主而以社廟為基礎所舉行的廟會活動，其型態與發展軌跡自然也不外於此。台灣社廟的發展歷史，隨著漢人移民聚落的開發而呈現出不同的面貌。一般學者主張以清末、日治初期為準，將台灣寺廟的發展概略分為兩大階段，因為清末之前的歷史較長，故日治之前的寺廟發展又可細分為：先民開創時期、庄社構成時期、庄社發展時期與城市形成時期等四個階段[10]，清末之後，又可大略區分為日治時期與台灣二戰以後兩階段。綜合以上，可將台灣的社廟發展概分為先民開創時期、庄社構成時期、庄社發展時期與城市形成時期、日治時期、台灣二戰以後等六個階段。[11]

1 先民開創時期

在渡台初期，由於漢人移民必須先經過險惡的海上航行過程，順利越過「黑水溝」之後方可登陸台地，即便是登陸之後又必須面對另一個陌生環境的諸般考驗，以及原住民之侵擾。因此為了祈求生命財產的平安，乃隨身攜帶原鄉寺廟神明之香火或神像（如媽

三重先嗇宮主祀神農大帝，為司五穀之神。

10 劉枝萬，1963，〈清代台灣之寺廟〉，載於《臺北文獻》第4期，頁101-102。

11 謝宗榮，2018，《圖解台灣傳統宗教文化》，頁66。台中：晨星出版公司。

祖、開漳聖王、關聖帝君、觀音佛祖、祖師等）以為護符，俟抵台之後，即將香火或神像供於工寮、公厝或私宅，朝夕膜拜，以祈求平安。

此一時期，具有護生及驅瘟逐疫職能之神祇，如保生大帝、神農大帝、王爺等，也備受崇奉，在這期間雖然不一定有較為形式化的寺廟出現，但香火的移植與傳播即成為信仰發展的基礎。等到生活較為穩定之後，即聚金建小祠供奉以答謝神恩，或供奉於住宅公廳，對外開放讓鄰近信眾祭拜，但瘟神王爺因為具有神煞二元並存的性質，故祭祀雖然隆重，但在早年較少被建廟奉祀。

2 庄社構成時期

漢人移民在台開墾成功之後，建立村莊，而逐漸形成定居之型態，漢人社會發展進入庄社構成時期，亦即農業期。緣於墾殖的關係，人與土地之間具有較為密切的關係，於是和農業有關的寺廟，如以五穀、瘟疫、土地等神明信仰為主者便逐漸出現，如各地的土地祠、五穀先帝廟、王爺廟等，其中以土地祠之普設為其特徵。

土地公為最古老的社稷之神（台中東勢鯉魚伯公）

土地公信仰為最古老的地祇崇拜

隨著漢人族群開發的腳步，不論田野或村莊，莫不設有簡單的土地祠，土地公成為祈求五穀豐收、合境平安之對象。爾後，庄社基礎更為穩固，漢人社會愈趨複雜，則祈求平安之願望日益殷切，於是其他守護神之崇祀亦隨之加入。

3 庄社發展時期

等到庄社基礎已臻穩定，開拓的事業欣欣向榮，聚落市街發展成形，漢人社會即進入庄社發展時期。此一時期，商業貿易亦開始發展，社會走向細密分工的型態，即台灣清代社會的商業期。隨著生產力之提高，擁有財富之頭人、仕紳在社會上具有相當的號召力，即發起興建宏偉之寺廟，又由於社會進步，機構複雜，祀神種類亦自然地日漸增加。

此一時期的寺廟特色有五：一、文昌祠之興建，此乃緣於經濟發展，生活安定之後，逐漸重視子弟的教育，乃建書院，以為教育場所，並奉祀文昌神，以為士子之守護神；二、齋堂之興建，因社會環境日趨複雜，人們頗有世態變異之感，禮佛誦經，祈求解脫苦海，於是齋友們即創設齋堂，以為共修之場所；三、職業守護神之發達，街市既已形成，職業分

西螺崇遠堂為西螺廖姓宗祠

台中東勢仙師廟主祀工匠守護神—巧聖仙師、荷葉仙師、爐公仙師。

化日細，各同業即發起籌建屬於各行業的守護神寺廟，如遍布各傳統商業聚落的關帝廟、醫藥團體之華陀先師或神農大帝、音樂戲劇團體之田都元帥與西秦王爺等；四、鄉土神明的隆盛，由於漢人鄉土觀念十分強韌，各漢人族群基於地緣關係，彼此相互扶持以謀發展，乃同奉原鄉之鄉土神為守護神，並建廟以作為同籍凝聚之具體象徵，如漳州人之開漳聖王、泉州同安人之保生大帝、閩南粵東潮汕人之三山國王等；五、家廟祠堂之興建，由於漢人社會族群關係複雜，彼此之間爭鬥頻繁，甚至姓氏之間械鬥事件亦時有所聞，故除了同籍族群之間的團結之外，同姓族人更須團結合作以禦外侮，從而促進了家廟祠堂之建立。

此外，也因為兩岸之間商業貿易的熱絡，海上交通頻繁，於是具有庇佑航海安全功能的神祇如媽祖、水仙尊王等受到崇奉並建廟祭祀。因此，商業期可說是清代台灣寺廟建設最為發達之時期，許多有名的古廟也多建於這個時期。

4 城市形成時期

等到漢人聚落一些街肆發展到一個規模之後，即擴大為城鎮，成為郡城或邑治，開始具有地方政治、產業、交通中樞之功能，人民日益聚集，漢人社會便進入城市發展時期，亦即綜合發展期。此一時期，由官方興建或官民合建的寺廟大量增加，如文廟、武廟、城隍廟、社稷壇、節孝祠、旌義祠、昭忠祠等，一般都具有明顯的儒教色彩，甚至成為官方的祀典寺廟，其目的主要在宣揚名教，移風易俗，雖由官建，但亦乎民望，這也是社廟信仰逐漸統一的階段。

此外，在商業期之前，由於神祇信仰在「功能」上較為單純，故多數寺廟以供奉單一神祇為主，等到商業期發展到

台南孔廟為最早的官祀文廟

台南祀典武廟為台灣最早的官祀武廟

一個相當程度時，基於不同信眾以及不同信仰功能的需求，寺廟中的祀神也因而逐漸增加，加上社會關係日益密切，使各寺廟及其神祇信仰便在無形中被納入一個鬆散的體系架構。最為明顯的就像在台南、鹿港等歷史較為悠久的傳統聚落中，各神祇之間有了所謂「神格」的高低差別，因此各寺廟也有等級地位上的不同，以公廟（即社廟）來說，諸如澎湖地區有闔澎廟、庄廟、甲廟等，台南府城有闔府廟、聯境廟、境廟，鹿港地區有闔港廟、角頭廟，艋舺地區有公廟、角頭廟等，不一而足。除此之外上有宗教師（道士、法師）所設的「私壇」，此即台灣傳統寺廟在綜合發展期的最大特色之一。

5 日治時期

日本殖民政府治台初期，雖然表面上對台灣傳統宗教信仰採取寬鬆的態度，但實質上已準備透過「寺廟整理政策」對台灣寺廟加以整頓，尤其是對於清代官方祀典寺廟更企圖全面加以廢除。雖然一方面不干涉民間宗教信仰，另一方面卻又冠以迷信二字，試圖掃除，並積極提倡日本神道教，獎

桃園神社為日治時期縣社級神社

勵日本各宗教進入台灣。此一時期，在殖民政府對於台灣漢人信仰的貶抑之下，台灣寺廟的發展可說是進入了一個黑暗期，許多大型公廟或被日軍佔據，或被殖民政府沒收。尤其在日治末期殖民政府大力推展所謂的「皇民化運動」，台灣民間除了佛教神明之外，許多神像多被以「送神上天」的藉口加以強制沒收銷毀，或被集中供奉於少數寺廟中，或原屬道廟性質者同時奉祀佛教佛、菩薩等，許多民間信仰與道教寺廟也因此受到破壞。

6 台灣二戰以後

台灣二戰結束以後初期，國民政府以一向排除迷信的民政政策，且延續日治初期表面上之宗教自由氣氛，但對於台灣傳統寺廟破壞的情形仍然持續發生，只是破壞的對象由日本人變為來台的「國軍」，尤其是在1949年國民政府自中國撤退之後，駐紮各地的國軍往往佔據了寺廟作為營舍，由於對信仰的不尊重也產生對寺廟無以彌補的破壞，這種情形一直要到1960年代之後方才有所改善。1960年代由於台灣社經環境逐漸改善，民間經濟力量也持續地增長，因此傳統宗教信仰得到復甦的機會，而各地的寺廟也紛紛進行大規模修繕或重建，尤其是在1980年代中期解嚴之後，許多新建的寺廟與大小私壇更在全臺各地如雨後春筍般地出現，成為寺廟發展的空前熱絡景況。

台灣廟會文化的變遷

隨著數量眾多的寺廟之建立，以祭祀神祇、祈福為主的廟會活動也備受人們之重視，成為台灣漢人社會傳統信仰文化中十分重要的一環。台灣寺廟數量眾多，廟會活動也相當豐富而多元，從年初一直到年底，每個月幾乎都有許多不同型態的廟會在進行著。不同的廟會型態，除了反映出區域性的民俗特色之外，也與歲時節令相結合，成為傳統社會民眾生活中相當重要的宗教性休憩活動。當然，也緣於上述台灣漢人移民社會的文化脈絡，人們對於祀神、迎神之廟會活動就特別熱衷，使廟會活動成為台灣漢人社會的主要本土文化特色。

晚近一般人對於廟會的首要印象即是熱鬧的神明出巡，並且多伴隨著鑼鼓喧天的鼓樂，以及五花八門的陣頭。這類以神祇遶境、進香為主的活動，雖然是台灣民間最受矚目的信仰活動，但傳統廟會的主要類型仍是以祭祀神祇為核心的活動，大型的祭祀活動大多著重於儀式化的祭祀禮儀，如醮典、法會、典禮等。而不管是注重儀式性的祭典禮儀，或是熱鬧的迎神活動，莫不以祭祀神祇為主要的內涵。

做為台灣傳統宗教文化中不可或缺的一部份，台灣廟會活動的形式自有其延續傳統的核心內容，但其外在的型態也隨著神祇與寺廟的發展以及外在環境的變遷而有所演變。台灣廟會文化的變遷，可依照時代的腳步概略管窺其面貌，可概分為漢人移民社會早期（明末至道光年間）、道光年間至日治中期、二戰終戰以後等三大時期。不同的階段除了主要祭祀的神祇及其祭祀禮儀有所差異之外，呈現在廟會的形貌上也有所不同，此一現象也可以從廟會中最受矚目的陣頭、演藝窺見其端倪。

建醮為民間最盛大的祭典，醮壇與普度場倍受重視。

嘉義下路頭鞦韆會為慶祝玄天上帝聖誕所舉行的節慶廟會

1 台灣漢人移民社會早期

台灣漢人移民社會早期約略在清道光以前，就前述寺廟發展的階段來說，約略相當於明末清初的先民開創時期與清乾隆至道光年間的庄社構成時期。在廟會的內涵方面，由於移民渡海、土地墾拓、對抗天災與疾病（尤其是瘟疫）的需求，諸如具有庇佑航海信仰的媽祖、觀音菩薩，庇佑農作豐收的神農大地、土地公，祈求對抗疾病的藥王、保生大帝與對抗瘟疫的瘟神王爺等。因此媽祖進香遶境、觀音菩薩祭祀、

牛犁歌陣是農業社會時期所發展出的陣頭（西港香）

歌仔戲為興起於台灣的傳統戲曲（河洛歌仔戲團扮仙）

神農大帝與土地公祭祀、藥王與保生大帝祭祀、迎送瘟王以驅逐瘟疫的迎王祭典等，是這一個階段的主要廟會內容，這類性質的廟會也持續傳承至當代。

在廟會的形貌方面，此一時期的祭祀活動大都移植自閩粵原鄉，具有傳承「內地化」特色的傳統面貌，但由於社會、經濟上不能堪稱穩定，故廟會的型態較為樸素。從廟會中的演藝、陣頭方面來看，也多自閩粵原鄉移植而來的南管、北管音樂，九甲戲、採茶戲、弄車鼓、牛犁歌等戲曲，宋江陣、弄獅等武陣，以及跳鼓、藝閣等，具有原鄉文化特色。

2 自清道光以降以至日治中期

台灣漢人社會在清道光年間至日治時期，就前述寺廟發展階段而言，相當於清道光年間的庄社發展時期、清末的城市形成時期與日治中期以前。在庄社發展時期，首先主要是有逐漸注重文教之現象，其次是佛教齋堂的建立，以及各種專業性職業的發展、鄉土守護神之興盛等。這種現象形成文昌帝君、觀音菩薩，以及職業守護神、鄉土守護神的祭祀日隆。在城市形成時期最主要的信仰發展是官祀寺廟的建立，

布袋戲扮醉八仙灑酒

三年一科西港香為看熱鬧的著名廟會（跳鼓陣特技）

尤其是城隍信仰，其次是都會地區生活區圈的形成，使得廟會活動多有聯合擴大現象，這種情形也持續發展日治中期。

在這一段漫長的時期，由於台灣社會的政治、族群、經濟逐漸趨於穩定，寺廟的興建與廟會活動也日趨蓬勃，尤其在日治時期中期（大正、昭和年間），台灣的經濟達到前所未有的富庶，民間逐漸形成具有「在地化」色彩的廟會傳統，此一時期也引進一些來自於日式信仰文化的影響，這些新舊各異的廟會型態，也多有成為當代所推崇的傳統。從廟會的演藝、陣頭來說，南、北管戲曲與藝閣的勃興，布袋戲、歌仔戲等戲曲的普及，以及宋江陣的增加與在地化發展等，都是此一階段形成傳統的廟會文化主要內涵，而此一階段最引人注目的便是以人扮神的家將類陣頭，以及扛神偶的神將類陣頭。

3 二次大戰終戰後

二次大戰終戰後，台灣由於政經環境的動盪，歷經一段社會蕭條的景況，但自 1980 年代以後，由於經濟的起飛，再加上政府的改善民俗、統一祭典等政策，使得台灣各地的廟會具有明顯的消長。尤其在解嚴以後，在媒體的參與、推波助瀾之下，一些原就具有良好條件的廟會活動更加興盛了，而許多小型的廟會活動在對照之下自然也有沒落的趨勢。晚近的廟會活動型態，除了透過媒體參與以吸引觀眾之外，也結合文化性行為引進創意物品的開發，也在傳統的信仰性之外增加許多文化性氣息。

在廟會演戲、陣頭方面，許多創新的陣頭不斷出現，諸如名目愈來愈多樣的的家將類陣頭，如目前風行各地的官將首，盛行於屏東東港的約20多種扮神陣頭，醒獅陣頭的勃興等。而在戲曲歌舞方面，也不斷也有新的型態出現，如素蘭出嫁陣、電子琴花車、鋼管吉普車、現代式舞台歌舞等，其中有些在當代被流傳下來而成為新的傳統如素蘭出嫁陣，有些隨人們的喜好而沒落如電子琴花車，還有一些當代新興的演藝，如吉普鋼管車與辣妹熱舞、美女漢樂團等，則還有待時間的考驗。

素蘭出嫁陣已成為新的傳統陣頭

晚近受到歡迎的舞台車是否成為傳統？仍須時間考驗。

官將首起源於新北市新莊地藏庵，現已成為分布最多的扮神陣頭。

台灣廟會的類型、結構與功能

廟會是以寺廟為中心，以祭祀神祇為主體的公眾性宗教信仰活動。當代廟會舉行的意義，主要還是依據傳統宗教功能的祈福、解厄、超度等所舉辦者，其次晚近也出現許多結合現代文化活動，而使廟會活動兼具現代教育、休閒等社會、藝術功能的現代化廟會活動。

台灣廟會的類型

台灣的廟會興盛，內容又十分豐富多元，在不同類型的廟會型態中，又經常會出現相似的內容，經常使得一般看熱鬧的人不容易瞭解這些廟會舉行的主要目的。若欲較為深入理解台灣廟會的內涵，可以將廟會概略的加以分類，而不同的分類基礎，也可呈現不同廟會活動的意涵。

台灣廟會的類型，若以舉行的時間來區分，有定期性廟會與不定期性廟會；若以性質即舉行的目的來說，主要可區分為神誕、節慶、祭典等三大性質；而若是從廟會的舉行形式來看，其類型主要有祭拜、迎神、儀式等三種。此外，在廟會的名稱方面，由於各地方的習俗差異，也導致性質相同的廟會活動在不同區域有不同的名稱。反之，相同的名稱在不同的區域，其廟會的性質也常有不同的差異。因此，若是忽略局部的差異性而擴大視野來看，台灣廟會的名稱常見的有神明生、進香、繞境、出巡、暗訪、獻禮、法會、醮典等。

新北金山二媽返野柳海蝕洞，為東北海岸一年一次的盛會。

以舉行的時間區分

以舉行的時間來區分廟會的類型是最簡單的方式，主要有定期性與不定期性兩大類。定期性的廟會活動一般以陰曆年為週期，常見的有一年一次，或是三年一次、四年一次、六年一次，或是長達十二年一次，甚至是二十年、三十年一次者，若是已形成不同週期的例行性活動，都可視為定期性廟會。其中，每年固定在同一個時間舉行的廟會，為最普遍的廟會活動。

每年舉行的廟會由於是依照時序所形成之例而舉行，故又稱為「年例」。常見的類型，首先是慶祝宮廟主神聖誕、宮廟落成紀念日（或入火安座紀念日）所舉行的活動，其中以慶祝神明聖誕為主的廟會最是普遍，常見以祝壽祭典儀式與演戲、祀筵等為神明祝壽，此外也普遍可見在神誕期間請神進香、迎神遶境，也成為台灣最常見的廟會形式。

當代廟會常結合文化活動，台北松山慈惠堂每年五月舉行文化季。

其次是配合歲時節慶所舉辦之祭祀、慶典活動，最普遍的就是每年在陰曆七月所舉行的中元普度，除了為信眾超薦祖先、冤親債主之外，也進行賑濟境內俗稱老大公、好

台北松山慈惠堂奉迎瑤池金母遶境

中元祭是台灣最普遍的節慶型廟會（虎尾中元祭）

兄弟的孤魂滯魄，地方公廟（社廟）的中元普度則被稱為「公普」，也是宮廟除了慶祝主神聖誕之外最主要的年例活動。而在陰曆正月上元節、十月下元節期間，民間也常見上元祈福、下元解厄（謝平安）的祭祀活動，與中元節的祭祀活動共同構成漢人社會最早的三元節習俗與三官大帝信仰。此外，一年中其他重要的節日，如端午、半年節（陰曆六月初一至十五）、天貺節（六月初七）、七夕、中秋等，各地方也可見到形式各異的祭祀活動。除此之外，地方宮廟為了服務信眾，也多配合節令而舉行為信眾祈福與消災解厄的祭祀活動，如陰曆年初的安太歲、點燈、制解、補運等，以及多在春秋兩季或神明聖誕期間舉行的禮斗。

至於三年以上的定期性廟會，主要以台灣西南沿海一帶的三年一科迎王祭典最為盛大，如台南西港的刈香大醮典、屏東東港的平安祭典，雲林褒忠五年千歲為主所舉行的「五年到祭典」，則為四年一次所舉行的定期性廟會。至於六年或十二以上的定期性廟會，在台灣則較為少見，但到了舉行的年份時，其廟會的祭典則特別受到重視而成為規模盛大的廟會。

不定期性廟會舉行的時間不一定，通常在寺廟或聚落有特殊需求時舉

醮典是最大型的祭典型廟會，普度場面盛大（南投市三玄宮）。

行，如寺廟慶成、入火安座，以及遇到特殊災害而為聚落信眾消災祈福所舉辦之法會、遶境活動等，如 1999 年的九二一地震之後，中部各地舉行超度亡靈的祭祀活動，2003 年 SARS 疫情爆發之後，北部地區舉行驅瘟除煞的祭祀活動，2011 年為慶祝民國 100 年，各地所舉行的「百年慶典」。不過前述幾個案例都是單一事件，比較盛行的則是澎湖地區的王醮祭典，通常都根據王爺所降乩指示的時間舉行。這類不定期祭典在台灣並不常見，一般都出現在有神明乩身的宮廟，經由神明降乩指示而舉行。

以舉行的性質區分

搬演大戲是民間宮廟普遍的祝壽方式（台北北投慈生宮神農大帝聖誕）

若是從廟會舉行的性質來看，主要則可區分為神誕、節慶、祭典等三大類型。神誕型的廟會即為神明祝壽所舉行，主要是恭祝神明的千秋聖誕，但也常帶有為信眾祈福、消災解厄與超度孤魂的意義。各地宮廟恭祝主神聖誕的祭祀活動是台灣最常見的廟會活動，台灣民間為神明祝壽的祭祀形式相當多元，最簡單的方式即是獻供或祀筵，將人間最珍

東港平安祭典三年一科舉行，王船遶境收瘟。

台南關廟山西宮王醮祭典十二年舉行一次（王船廠）

貴的供品獻給神明，也常見透過上疏文的方式來表達祝壽之意。其次就是各類的表演，最傳統的就是演戲，不管是歌仔戲或布袋戲、傀儡戲等，在搬演一般的戲齣之前必先扮仙，常見有三仙會、八仙會等。其次也有音樂、歌曲、舞蹈等表演，既娛神也娛人。

節慶型的廟會即前述結合歲時節慶所舉行的廟會。歲時節慶的習俗是先民為了幫助人們順利渡過時節的變化所累積的禮儀與慶祝活動，公廟是地方的信仰中心，也是傳統社會精神生活所託的重心之一，因此公廟也多會配合每年的節慶活動舉行相關的廟會活動。傳統節慶乃是根據一年之中陽光的角度變化所形成的節氣變化為基礎，即通稱的陽曆，再配合月亮受光所形成的朔望變化，即通稱的陰曆，共同成為農業社會中衣食勞作的重要依據，據此而制訂了俗稱「農民曆」的《通書》，成為陰陽合曆的一個重要生活節奏依據。節慶活動也經常與祭祀行為結合而具有明顯的信仰性，如上元點燈祈福，中元超薦孤魂，下元解厄謝平安等，而宮廟也多配合這些節慶舉行相關祈福、超度、解厄的祭祀活動，來協助人們順利度過節令所可能帶來的影響。

祭典型的廟會主要的特徵即將活動的重心集中在儀式之上，也是古代六禮中「祭禮」的延續，其主要的活動內

林口竹林山觀音寺每年在陰曆十月十五日舉行慶讚下元法會

艋舺龍山寺上元燈會

容由於具有濃厚的儀式性，因此活動氣氛也多偏向於嚴肅性，在神誕型與節慶型廟會中普遍常見，偏向歡樂的慶祝、娛樂活動，在祭典型廟會中經常會被省略，或是僅作為一種點綴、調節氣氛的功能。台灣民間祭典型廟會活動最受重視的為醮典，俗稱「作醮」，其舉行的日期短最可一天，最長可達到七天以上，期間多以舉行各類儀式為主，透過儀式的進行向天地諸神表達祝願，以獲得降福、消災等目的，為古代齋醮傳統的延續，也是民間最重視的綜合型大型祭祀活動。其次，為各類型的「法會」，其內容亦是以儀式為主，但在規模上沒有醮典來得盛大，舉行的目的也較為集中，如祈福法會、超度法會等。而最簡單的祭典型廟會則多以單一的祭祀禮儀為主，在時間上也較短，如三獻禮、九獻禮。

法會以宗教儀式為主，需由宗教師主持儀式（新北板橋鎮北宮禮斗法會登台拜表）。

以舉行的形式區分

若以廟會重點活動的外觀形式來看，其類型主要有祭拜、迎神、儀式等。祭拜型的廟會顧名思義以祭祀神明為主，其規模小者可以是祭祀單一神明，或是擴大為三獻禮、九獻禮，其規模大者可以舉行法會甚至是醮典，其祭祀的對象也不限於單一的神明。這類型的廟會活動，一般除了上香、獻供等常見的祭祀行為之外，頂多是配合戲曲歌舞以娛神，並未有複雜的儀式與其他活動。

以迎神為主的廟會，則是以奉迎神明外出為主，常見有進香、遶境、暗訪等，其活動範圍從單一的點（廟、壇），擴大到兩點之間的活動（如進香、過爐），甚至是由多點之間而形成面的活動（如遶境、暗訪、出巡等）。其活動內容也隨著神明外出的目的而有所不同，常見者如進香主要是到祖廟或大廟增強神明的靈力，遶境則是神明賜福境內的信眾，暗訪為透過神力在夜間掃除境內的邪祟，而出巡則是神明出外駐點為信眾辦事。這類以迎神為主要形式特徵的活動，也是台灣民間最普遍且最為人所熟悉的廟會活動。

以儀式為主的廟會活動其特徵為各種儀式之舉行，藉由儀式之進行，來達到降福、消災、超度等目的，民間常見的醮典、法會等在形式上即是儀式型的廟會。由於這類儀式型的廟會活動的重心大多置於宗教儀式本

儀式型廟會多臨時結壇以舉行儀式（桃園景福宮中元普度）

建醮為盛大之祭典，壇場布置倍受重視（台北下元會十週年醮典）。

身，因此其活動也大都集中在單一或少數幾個點，但也可見在幾個不同的點中同時進行儀式，也可以構成面的活動，如台灣中部地區的醮典，經常可見到五大壇、九大壇在同一時段舉行儀式的情形。

鹿港暗訪主要在驅逐邪祟，不定期舉行。

祭禮以儒家式祭拜禮儀為主（學甲上白礁）

苗栗竹南在端午節舉行祭江祭典

以廟會的名稱區分

台灣各地的廟會活動類型多元，也常因地域性的習俗而有不同的名稱。台灣廟會以常見通行的名稱來看，主要有神明生、進香、遶境、出巡、暗訪、獻禮、法會、醮典等。（詳見後面章節）

神明生主要是祝賀神明聖誕，又有神誕日與成道紀念日。由於台灣民間所奉祀的神明中，許多都是歷史或傳說中的人物，神誕日多指神明在未成神前的生日，而成道日則是指正式成神之日，又稱為千秋日，如媽祖的神誕日為陰曆三月廿三日，而成道日則為九月初九日。民間對於神明的神誕或成道日幾乎同等重視，也多有合稱為千秋聖誕者。除此之外，由於觀世音菩薩信仰在閩台特盛，因此民間除了陰曆二月十九觀音媽生、六月十九觀音媽成道之外，又有九月十九觀音媽出家紀念日，一年三個慶祝日也顯現出民間對於觀音信仰的重視。神誕日往往是一個傳統台灣漢人村落年度中最重要的日子，幾乎所有的活動都以此為主，尤其是在農閒時期的神誕日，相關活動更是盛大，其重要性甚至超越了「年節」的地位。

進香是台灣傳統宗教信仰中最常見的活動，現代民間通稱的進香，則成為一種個人跟隨神明出境，與其他寺廟神明「交陪」（交往）活動的總稱。遶境又稱遶境，是指神明外出巡遶「轄境」的行為，又稱為「遊境」或「巡庄」、「運庄」、「云庄」等，是民間所稱的迎神賽會。出巡通常

在聖誕期間舉行禮斗法會是常見的祝壽祈福祭典（台北關渡宮）

是指神明外出在轄境各定點停駐，接受信眾的請求「辦事」或「問事」，出巡的範圍也不限於轄境之內。在時機上有時是定期舉行的，有時則因為地方上「不平靜」而外出巡視，非定期舉行。暗訪又稱夜巡，是指神明的夜間出巡，通常只有主神為城隍爺或王爺，且領有官將兵馬，具有變理陰陽職司的神明寺廟，才有暗訪的舉行。

獻禮為一種以禮儀性為主的祭祀禮儀，儀式性比較不明顯，其方式採儒家式禮儀，常不用專業人員（道士、僧尼），且時間較短，並以莊嚴肅穆為主要訴求。禮儀中主要以奉獻供品為表徵，民間稱為「獻禮」，其規模大小一般以獻酒（爵）的次數來區分，有單獻禮、三獻禮，以至於九獻禮等。其中以三獻禮最為常見，俗稱「作三獻」，是民間祭儀中使用最廣，也是最重要的一種，尤其是在神明生與千秋聖誕日的祭典中，更是不可或缺的儀式。

北港迎媽祖為全台著名的遶境活動，其犁炮號稱台灣三大炮之一。

法會為以祭典為主的廟會活動，具有較為明顯的目的，在形式上則比「醮典」、「齋儀」等顯得單純些。台灣民間法會活動十分盛行，根據舉行的目的主要可區分為祈福性、禳災性與超度性三種，前者如禮斗法會、禳災法會等，其次如路祭、送

祀筵祝壽盛行於台南地區（台南市開隆宮七娘媽生）

火神等，後者如陰曆七月的中元普度、佛教盛行的水陸法會等。醮典為傳統道教的主要儀式祭典，是指民間為了許願祈神或還願酬神，設置道場並聘請道士所主持的一種以道教儀式為主，時間延續一天以上之隆重的公共祭典，俗稱「做醮」，其目的主要為地方信眾祈福，是地方上的一大盛事。常見的類型為「平安醮」、「福醮」、「慶成醮」、「王醮」等，主要目的為祈福，但也常兼行具有禳災、超度功能的儀式，如火醮為了禳解火災，瘟（王）醮為了祛除瘟疫，而在祈福性醮典的最後也多進行普度無主孤魂滯魄，以祈求陰陽兩利。

雲林褒忠馬鳴山「五年到」祭典四年舉行一次

送瘟船以驅瘟逐疫（新北五股聚龍禳災法會）

廟會的結構

祭祀禮儀的主要精神，乃是對天地、神靈、祖先等表達感恩、祈求降福，以及與超自然世界溝通的行為。先秦時期以孔子為首儒家對於祭祀事務即十分重視，並將各種目的、對象與執行者（祭拜者）不同的祭祀儀式，制度化為「禮儀」，「吉、凶、賓、軍、嘉」等五大類型禮儀中，為首的吉禮即是祭祀天地、鬼神之禮儀。凡是禮儀皆須具備三種要素：禮器、禮文、禮義[1]。禮義為禮之核心精神、目的與功能，禮文為行禮的儀節動作、程序，而禮器即祭具與供品、服裝。在這三要素中，以禮義為核心，其次為禮文、禮器。

廟會以祭祀神祇為主，為了遂行祭祀神祇並為信眾消災祈福，在廟會活動中，通常以祭典儀式的舉行為中心。為了祭典儀式的進行，寺廟通常會委託專業的宗教執事人員作為中介者來司祭，諸如道士、法師、禮生等，並準備品類豐富、數量眾多的祭祀用具、供品等，以表現信眾對於神祇的虔敬。此外，為了營造廟會的歡慶氣氛，圍繞神祇與祭典儀式而伴生者，常有許多迎神遶境與陣頭、演戲等表演活動，以達到娛神、娛人的目的。而隨著人潮的聚集，在廟會活動中往往也在寺廟周遭形成臨時的市

1 徐福全，《台灣民間祭祀禮儀》，頁13。新竹：台灣省立新竹社會教育館，1995年。

孔廟釋奠禮所獻之供品及供具十分考究（台北孔廟）

在傳統三獻禮中，禮生穿著長袍馬掛以示身分（大溪福仁宮開漳聖王聖誕祭典）。

集，也帶動了經濟活動的熱絡與貨物的流暢。根據這些相關的內容，可將廟會活動的結構圖示如下：[2]

因此，在廟會活動中乃是以神祇為主角，其核心的主要活動即是祭祀神祇之禮儀，為了遂行祭祀禮儀，則有祭司、與祭者，以及供品、祭具等之運用。其次，為了表顯祭祀神祇的熱鬧氣氛，則有演戲、藝陣等活動參與其中，尤其是配合迎神活動的各式隊伍，也成為一般人看熱鬧的焦點。除此之外，因祭祀神祇、迎神活動所衍生出的廟市活動，也是昔日重要的經濟活動，而晚近一些的寺廟為了豐富其廟會活動的內容，也常在廟會期間舉行以宣揚神祇信仰與傳統民俗文化為主的競賽、教學、推廣等藝文活動，也豐富了當代廟會的內容。

2 謝宗榮，2018，《圖解台灣傳統宗教文化》，頁 213。台中：晨星出版公司。

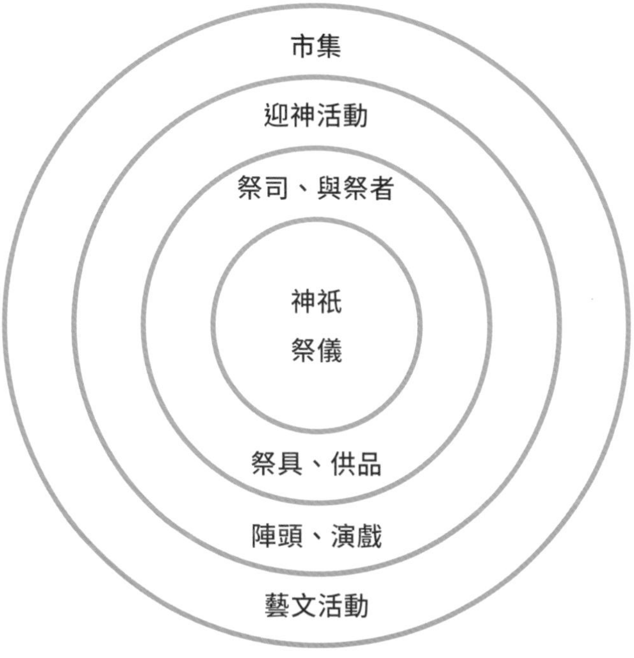

廟會的功能

台灣民間重視神祇信仰及其祭祀活動，廟會是祭祀活動的通稱，也是民間社會最主要且最熱鬧的自發性群眾活動，在昔日工商、服務、資訊等尚未發達的時代，廟會活動更是民間社會最重要的生活重心，寄託著民眾對於身心安頓的期盼與人群、經濟交流的需求，更是調節生活節奏的重心。因此廟會對於台灣漢人傳統民間社會來說，其功能是多元性存在的，主要可以區分為信仰的功能、社會的功能、經濟的功能、娛樂的功能等四個面向。

信仰的功能

廟會以祭祀神祇為主，祭祀所要達到的目的也就是廟會的核心功能。台灣民間社會神祇信仰多元興盛，人們透過祭祀神祇的行為，以祈求神祇庇佑眾生、消災賜福；而消災主要是希望獲得平安，俗諺說「平安即是福」，其最終目的還是期望添福納祥。祈求神祇降福即是祭祀最主要的目的，「福」的概念是抽象的，小自一己之福，如人們所期盼最基本的「五福臨門」：壽、富、

三界公燈座正面字樣分別為「叩答恩光」、「一心誠敬」（右）、「祈求平安」（左）。

康寧、修好德、考終命等，或是台灣民間常見的「財、子、壽」；亦可擴大為一家（門）之福、一姓一族之福。祈福之大願則祈求自然環境（天候）的和諧與一國之內的平安之福，如民間在祭祀禱辭中常所說的「風調雨順、國泰民安」。簡單來說，祭祀神祇主要的目的，就是透過祭祀行為以達到感通鬼神、消災降福，從而使人們獲得身心安頓的境地。

基於以上這些心理，人們在祭祀神祇時，期望透過虔誠的心情與恭敬的態度能感通神明，衷心叩答神祇並期望獲得神祇的蔭佑，這也是民間在祭祀三界眾神中常見的「叩答恩光、一心誠敬、祈求平安」用語之所寄。

社會的功能

廟會是以寺廟或主神為主，所舉行的各種具有宗教信仰性質意義活動的總稱，這些活動除了透過祭祀神祇以祈求消災賜福之外，也是傳統社會中民間在家族關係之外最主要的人群聚集場合。在廟會活動中，人們透過為神祇服務，分別擔任與平時身分不同的職司，甚至組成各種團體，如神轎班、陣頭館與祭祀組、接待組、福食組等。而人們不論是擔任各種職司為神祇服務，或是單純的聚集在同一場合來祭祀神祇，在廟會活動中彼此情感交流，增進互動關係，尤其是共同成為某一位神明的弟子（信士、信女）者，在血緣、地緣（祖籍地）關係之外又形成一種「信仰緣」的連結，

傳統民間祭儀以獻財帛為最後獻禮

也成為一股十分重要的無形力量，具有凝聚、整合聚落內信眾的功能，此即「以社會民」的酬神賽會的「社會」意義。

除此之外，人們在廟會祭祀活動中，透過神祇的認可（栢選）或實際的奉獻，來獲得重要的地位，如台灣民間常見的爐主、頭家、柱首、斗首等，或是重要的「爐下弟子」身分，如轎班、陣頭人員等。此一「神選」的身分地位，除了標誌著信仰上的榮耀之外，在回歸俗世社會之後，當然也會被一般人認知其具有與先前不同身分的「份量」，從而增加其在社會中的影響力。這也是何以台灣民間熱衷於在廟會中競選神職、奉獻所有的重要原因之一。

經濟的功能

在台灣漢人傳統社會中，只要在聚落舉行較大型的廟會活動時，除了需要人們擔任各種不同的職司之外，更需要人們財物上的捐疏。這些來自四方的財物，除了用於祭祀神祇的祭典本身之外，如神衣、供品、祭具、儀式禮金、福食、服飾等，許多寺廟也多本著取之於公、用之於公的精神，回饋於聚落之中，如接濟孤貧、鼓勵向學等，除了具有社會服務功能之外，也是一種經濟上的分享，甚至是資源的重新分配，發揮了市場之外的另一種經濟功能。

廟會期間大學生參與成為駕前團體皂吏排班（台南麻豆香）

其次，廟會活動總是可以形成人群的聚集，也吸引各種民生物資供應者（小販、商家等）隨之赴會，提供參與廟會活動者與一般信眾在平時所較難滿足的需求。於是在舉行廟會活動時，也多同時形成了「廟市」，成為傳統社會中十分重要的經濟活動。

娛樂的功能

廟會活動以祭祀神祇為主，人們為了向神祇表達虔敬之意，除了奉獻各式供品以敬神祇之外，也透過搬演戲劇、演出曲藝，或是組成藝閣、陣頭等來娛神，以其獲得神祇的歡欣，從而達到消災賜福的目的。而這些在廟會中所搬演的戲曲、藝陣，也成為傳統社會中人們主要的娛樂活動，最終獲致既娛神又娛人的功能。

而除了在廟會中觀賞各式戲曲、藝陣的表演之外，不論是單純的作為一位旁觀者，或是在活動中擔任各種不同的職司，也是在平時、平常的生活步調之下，產生了一個不同的改變。這種非常性的活動步調，也在周而復始、一成不變的工作、生活之餘，發揮了暫時放下工作、課業以調整生活節奏的「鬆弛」功能。

廟會是傳統社會欣賞陣頭表演的主要娛樂時機（西螺太平媽會香回鑾）

廟會期間攤販聚集而成為市集（竹山 2017 年聯合建醮）

廟會祭典儀式中的人物

台灣俗話說：「也著神，也著人。」「神明也著人來扶。」會祭典活動既是以人群集體祭祀的型態而傳承發展，人在活動中便扮演著關鍵的角色，尤其是在禮儀性、儀式性比重較高的信仰活動中，具有宗教禮儀專業的執事人員，更是神靈與信眾之間的橋樑，他們多以其專業的職能而扮演中介者的角色，承擔人與神（鬼）溝通橋樑的任務，而使祭典儀式能順利進行，是廟會中不可或缺的靈魂人物。這些祭典儀式中掌理程序的宗教執事，根據主要宗教類型的差異，以及地域性習俗的不同，而有其不同的職務名稱，常見有道士、法師、乩身、禮生等。

作為專業的宗教執事與禮儀中介者，道士、法師、乩身、禮生等通常在祭典儀式中扮演其固定的「身分」，但經常也有「跨領域」的情形出現，如道士在祭典中需要進行法派儀式時，會改變穿著或在頭上係一條紅帶而化身為法師，而某些法師為了使其宗教專業更為全面性也兼習道教科儀。同理，法師與乩童之間也經常出現這種狀況，使得一般人無法辨識其當下之身分，主要仍須以執行的禮儀或科儀、儀式來觀察認定。

道士

「道士」一詞在詞面上可泛稱為「從道之士」、「學道之士」，在祭典儀式中則可為「行道之士」，亦即在祭典儀式中負責執行道教所傳承的宗教禮儀之司祭者，其資深者一般多尊稱為「道長」。道士身分的取得多由世代相傳或拜師學藝而來，他們除了在平日為信者進行擇日、堪輿、占卜、算命，以及收驚、制解、補運等法事之外，在舉行廟會時，他們所扮演的角色即是在祭典中從事道教儀式活動，如醮典科儀、神誕祭禮、安太歲、誦經祭拜等，或是為亡者進行超度功德、安頓魂魄，在傳統社會中具有一定的影響力。

台灣的道教早在明末清初時，即隨漢人移民傳播來台。台灣漢人移民族群以原祖籍閩、粵兩省的居民居多，而閩、粵兩省與江西相鄰，因此台灣的道教也多傳承江自西龍虎山正一派的「火居道」之傳統（有別於全真道士的「出家道」）。而由於台灣的傳統道教生態長年來以地方公廟與神祇信仰為主流，各地道士則多依附於同籍移民聚落，在自家設壇靖，並配合地方之宮廟與應民眾之需求，從事其道法的宗教服務，在自然、人文環境的相互影響之下，因而也衍化成各地不同的地方化道法風格。

在1949年以前，台灣的道派廣義來說可區分為道門與法門兩大類型，道門之道派其宗教業務主要以舉行建醮、禮斗、做三獻等祈禱性祭儀與拔

道士為傳統主要宗教專業執事人員，在祭典中扮演中介者的角色。

道士團中每位道士各司其職

制解補運是正一道士為信眾舉行的常見宗教法事

度功德為主，而法門道派之宗教業務，則多以安營、押煞、祭解、補運等法術性儀式為主。為了實際上的需要，修習道門之道士也常兼修法門而成為「道法二門」，或是在祭儀中兼用法門之法術。不過台灣的法門道派自有其法脈傳承，因此也可獨立於道教之外而稱為法教。

台灣以道士為主的傳統道教，主要傳承自閩南的泉州、漳州與粵東地區，雖然在名稱上有天師派、老君派等之分，但其道脈多出於龍虎山正一派屬火居性質的符籙道派。台灣傳統的道士，若依其原籍與道法傳承來源，可概分為兩大系統：一為來自於泉州與鄰近的廈門、漳州地區，以泉籍福佬人為主；另一為來自於漳州南部的南靖、詔安一帶，以及粵東大埔一帶，多屬客家籍而間有福佬人者。其次，在1949年之後，又有來自於閩北地區的福州籍道士，來台的歷史雖僅七十年，但卻發展迅速而成為一大道派。當代台灣的道士，即由以上三大道派為主力，間有少數的清微、茅山、武當、全真等道士，但其影響力並不大。

台灣的道士民間一般俗稱「師公」或「司公」，日治時期以來，一般道教研究者多以「烏頭」和「紅頭」之名來區分台灣的傳統道士，如日

道士在進行法門儀式時頭繫紅巾化身為紅頭法師

治時期的鈴木清一郎與當代宗教研究前輩劉枝萬等。之所以如此區分，與道士所執行的宗教業務性質有關，如鈴木清一郎說：「道士的宗教性質職務有二：一是『度生』，二是『度死』。所謂度死，就是指對死者所行的儀禮，也就是指葬儀和做功德等而言。所謂度生，就是指對生者所行的儀禮，又可分成兩種，一是祈福、祈平安，二是驅邪、押煞。所謂祈福、祈平安的儀禮，就是指建醮、謝平安、做三獻而言；所謂驅邪、押煞的道術，就是指安胎、起土、豎符、補運等而言。」[1]

目前台灣道教的研究者，多將只做「度生」法事的紅頭道士通稱為「正一派」，多分布於台灣北部、宜蘭，以及中部近山地區；而日常業務以「度亡」為主但也做度生法事的烏頭道士則通稱為「靈寶派」，多分布於嘉義以南、澎湖以及中部近海地區。而不管是正一或靈寶道士，他們在「具職」時多自稱為「天師門下」[2]。因此，不管是正一或靈寶，他們的道脈傳承主要都是來自於江西龍虎山張天師一系。

天師門下的道士在正式取得法職之後即具有「道官」的身分，

1 鈴木清一郎著，高賢治、馮作民編譯，1984，《台灣舊慣習俗信仰》，頁37。台北：眾文圖書公司。

2 「具職」即道士在科儀、疏文上所具名的法職，如初階的授「太上三五都功經籙〇〇仙官」。「天師門下」指的就是屬正一道派祖天師張道陵所傳承的法脈。

為亡者進行超度是靈寶道士主要的宗教業務

道門業務以主持醮典最受道士所重視

頭繫紅巾、腰穿龍虎群的紅頭法師

即一般所稱的道長。明清時期，從中央到地方的府州縣分別設有道錄司、道紀司、道正司、道會司，道士的法職皆須經由這些單位所承認，但道士要獲得官方承認的前提是首先要得到龍虎山張天師所授予的道職。惟自明末以來，台灣甚至是閩粵地區的道士，由於與龍虎山路途遙遠，要取得張天師所授予的道職並不容易。因此，明清時期台灣除了少數家境優渥的道士如新竹林汝梅，很少能親自到龍虎山受籙奏職，近兩百年來便多採取變通的方式來取得道職。如靈寶派道士多採乩童、法師認證資格的「登刀梯」儀式，在刀梯頂端朝向龍虎山方向，向祖天師上疏文以取得道職。而正一派道士則是在聚落建醮或大普度時，由師父牽引上普度台公開表示授予道職。不管是登刀梯或是大普度首座，主要是藉此獲得聚落民眾的公認。1946年龍虎山第63代天師張恩溥來台之後，在台灣設立龍虎山天師府辦公處，自此便有許多道士經由這個管道取得道職，但傳統登刀梯、大普度首座的方式目前仍盛行於台灣各地。

台灣目前的道壇與道士，由於大多數傳承明清時期閩南、粵東的火居道傳統，因此大多數仍呈現出於聚落設壇的宗教生態，而並未以集團或教團的型態而有固定專屬的宗教場所可供遂行其宗教活動。這種存在的生態，與其他傳統制度化宗教像是佛教，以及西方宗教如基督宗教、伊斯蘭教等，都有很大的差異。再加上台灣民間

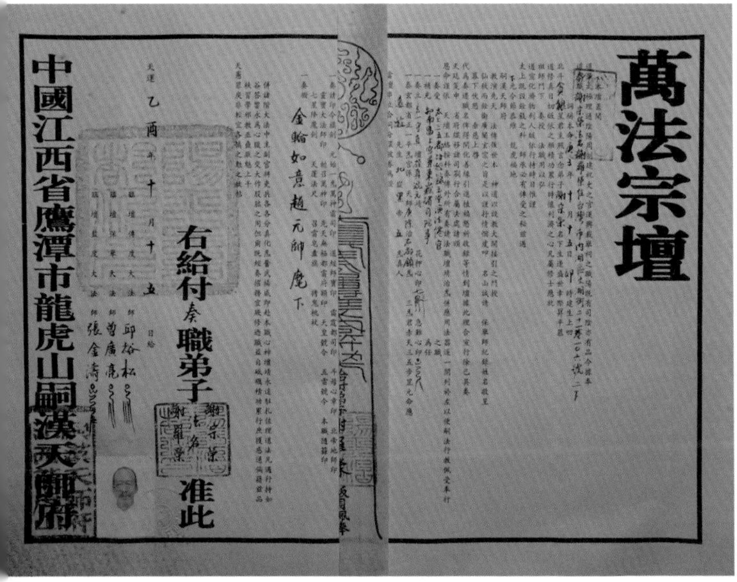

道士在取得道職之後即正式成為道長，圖為江西龍虎山天師府所發給的職帖。

台灣傳統的道士其法賣主要源自於江西龍虎山，圖為龍虎山嗣漢天師府。

台灣的道士多自稱為「天師門下」，以漢末張道陵天師為教主。

的地方大小公廟，除了各自有其神祇信仰之外，一般仍以信眾所組成的管理單位來管理，日常廟務之運作亦以香火之維繫為主，而鮮少以專業的宗教師所主持的宗教活動為主體，如宗教教化、宗教儀式等。在這種民間信仰特盛的生態之下，道壇與道士在台灣漢人社會中雖然有悠久之傳統，但也大多僅能在聚落設道壇來為民眾提供宗教服務，或是在宮廟需要時配合廟方需要來主持大型祭典儀式。

台灣的傳統道壇雖然有「紅頭」和「烏頭」的派別差異，但是目前他們所行的宗教業務，一般仍可區分為兩種型態，一種是日常的宗教性服務，另外一種則是臨時性或年例性配合宮廟所主持的大型祭典儀式。以紅頭系統的正一派來說，日常性的宗教業務，大多是為民眾進行制解、補運、通疏文等驅邪、祈福性小型儀式，或是批命、擇日、合婚、入宅、陽宅堪輿、安神位等傳統五術業務；臨時性或年例性的祭典儀式，則是為宮廟或聚落進行建醮與祈安三獻、禮斗、慶成、出煞等法會。而烏頭系統的靈寶派道士方面，日常性的業務除了批命、擇日、合婚、入宅、堪輿、安神位等傳統五術業務之外，主要是為新亡者舉行超薦儀式，也就是俗稱的「做功德」，以及與超度有關的業務如陰宅風水、安

台灣南部靈寶道士多以登刀梯奏職的方式取得道職

台灣的火居道士配合宮廟需要主持大型祭典

靈等；臨時性或年例性的祭典儀式，同樣也是為宮廟或聚落進行建醮與祈安三獻、禮斗、慶成、禳災等法會。而不論是紅頭或烏頭，執行日常業務時多以個人或少數具有師承關係的師門弟子為主，在舉行大型的祭典儀式時，則會視需要延攬其他性質相近的友壇道士加入而組成道士團。

法門業務主要為制解補運等小型法事

敬神通疏（上疏文）是正一道士的經常性小型法事

做功德超薦亡者是靈寶道士的經常性法事

至於戰後移入台灣並在民國七、八十年代開始蓬勃發展的禪和派道士，由於來台之後長時間多屬於業餘的型態，平時較少在聚落中設道壇為信眾提供宗教服務，大多以名為「道經團」的團體型態，配合宮廟舉行祈安與超薦性質的法會，或是為新亡者進行超薦儀式。這些儀式傳統上也被區分為「吉場」和「超場」兩大類型，前者為祈福性質的，而後者為超度性質的儀式。

在主持大型祭典時，由數名道士組成道士團。

禪和派道士多以道經團為名為宮廟進行祭典

台灣道士的主要派別與分布

⊙正一道士：自稱「道法二門」、「專門吉事」，主要有兩處來源，一處為漳州南部山區的詔安、平和、南靖等地，主要為客家籍與部分福佬籍；另一處為粵東與詔安相鄰的饒平、揭陽（今屬大埔）等地，主要為客家籍與部分潮州籍（近福佬）。他們在清初至中葉期間分別來台灣發展，大致以台灣中部之北港溪為界，主要是台灣之北部、中部及宜蘭地方。主要分佈地區：台北盆地與鄰近的桃園，台中縣之豐原、東勢一代，彰化縣之田尾、埔心，雲林縣之西螺、二崙等地。除了臺北、桃園以漳州籍移民為主之外，其他地區皆為客家籍移民為主的區域。清代中葉之後，又往鄰近之地區拓展，如台北地區向北往基隆、宜蘭等地，向南往桃園、新竹、苗栗等地拓展；豐原、東勢地區往臺中市與台中縣的大里、霧峰等地拓展；而彰化、雲林之正一派道壇則多僅維持原區域之發展。由於正一道士不作超度亡者的法事（普度除外），又稱為「紅頭」，與分布區域內以超度亡者的「釋教法師」（黑頭）形成互補。

台灣北部正一道士

⊙靈寶道士：道脈來自於泉州、廈門與鄰近的漳州地區，所傳承的即為以泉州為主的道法。因此來臺之後，多居於泉州籍移民佔多數的聚落中，以清水、彰化以南至高雄、屏東的西南沿海地區、澎湖為主，北港溪以南大多為靈寶派道士。中部以北則集中於傳統泉州籍移民聚落，如早年的淡水、艋舺、新竹市、竹南等地，但其傳承狀況與南部地區相較來說則顯得十分衰微。台灣目前的靈寶派道士尤其以台南、高雄地區為盛，這一區域也是台灣最早移民開發之地，因此道士之來臺早，發展亦盛。在道派的傳承上，台南高雄地區的靈寶派道士雖同屬泉州道脈的傳統，但從道法風格與地理形勢言，從高雄縣路竹以南，自然在地發展為另一個道士圈，與路竹以北一帶以台南府城為中心的風格有所區別。南投竹山與彰化靠山地區，則有廈門系靈寶道派，其業務亦以拔度性質的齋法為主，科儀形式與鹿港靈寶道派相似。台灣北部地區目前仍能進行整壇法事的靈寶派道士以新竹市為核心，主要有莊、林兩家。淡水地區目前可行醮事之靈寶道壇有混真壇、守真壇、混玄壇、會真壇等，以混真壇活動力較高，但相較其他地區顯得衰微。

台南地區靈寶道士

高屏地區靈寶道士

法師

「法師」一詞晚近多用於稱呼佛教的出家僧眾，但傳統上主要指的是道士職務中的法職。除了道士之外，台灣民間信仰中也稱呼為信眾進行「制解」、「收驚」等法事的法派（法教）神職人員為法師或法官。

傳統上法師的職司主要是行法、作法，也就是運用法術來達到降神、祈福、驅祟等目的，其起源可追溯自古代的巫覡信仰，原屬於民間信仰的一環，但隨著地域性的傳統信仰而有不同的面貌。在佛教——尤其是「密教」（又有藏傳佛教「藏秘」與東傳佛教的「東密」）東傳以後，傳統的巫術信仰吸收了許多佛教的密法，尤其是密咒，再加上道教制度化的影響，傳統以巫法為主的宗教師也同道教一樣，逐漸形成各種派別，在台灣常見有三奶派、閭山派、徐甲派、普庵派等，各派法師的傳承也如同道士一般以父子相傳或師徒相授。這些不同派別的法師一般也可稱之為「法門」、「法派」、「法

烏頭道士以拔度做功德為主要業務

教」等，他們在舉行儀式作法時，主要的外觀是頭裹紅布（或繫紅帶），身上則大多穿著一般便服，或是在腰間繫一件類似古代戰士甲裙式樣的龍虎裙，因此民間也多暱稱為「紅頭仔」。

法派（法教、法門）的形成，主要是在古老的巫術（法術）之上，在吸收了道教與佛教的「法」之後而逐漸確立，在信仰屬性上偏向於道教，兩者之間也有交流，故一般也被歸為廣義的道教。台灣法師的傳承主要來自於福建地區的福州、泉州、漳州、潮州一代，其派別名稱的主要差異並非他們在法術儀式內容上，而是所崇奉的主神不同。三奶派法師崇奉三奶夫人為主神，又稱為「夫人教」。三奶夫人即唐代福州地區的巫女信仰：陳奶夫人陳靖姑、林奶夫人林紗（九）娘、李奶夫人李三娘，以陳奶夫人陳靖姑為主，又被尊稱為「臨水夫人」、「順天聖母」。相傳陳靖姑為唐末人，少年時與林九娘、李三娘一起赴閭山學法，拜師於閭山法主許遜門下，學成後返鄉嫁與寧德古田的士紳劉杞，但依然繼續降妖伏魔，扶危濟難，有伏白蛇、捉小鬼的功績。二十四歲時以懷孕之身，祈雨抗旱，為民除害而犧牲，被鄉民奉為神靈，也成為順產助生護胎女神。

三奶派名義上以閭山法主為祖師，但主要乃是以三奶夫人所傳的法術為主，傳統上學習者為女性人員居多，為福建地區巫女信仰的一個重要類型。當代三奶法的傳承者則多為男性，由於正一派紅頭道士大多兼習三奶法而稱為「道法二門」，故三奶派有一大部分已融入於道教正一派之中。由於三奶

台灣正一道士多兼習「三奶派」法術，在舉行法場儀式時化身為紅頭法師。

法為女性祖師所傳，故傳統上在行法時多有呈現女性肢體動作的特徵，但目前除了傳承自福州地區的三奶派之外，其動作特徵已幾乎男性化。

閭山派名義上以閭山法主為祖師，其派別名稱也多標舉閭山法門，但事實上大多數的閭山派法師是以法主公為主神。法主公一詞原非指特定某一神，福建地區常將主神尊稱為恩主、安（尪）公，閭山派法師則尊稱其主神為法主，主要為起源於福建永春，後來流傳至泉州的法主公信仰。其信仰的主神與三奶派一樣，常見三位一祖，但各地的組合則有所差異，常見有大法主張聖君、二法主蕭聖君、三法主章（一說洪）聖君，以大法主張聖君為尊，張聖君也是民間常見五營神將組合中的東營主帥張聖者。

徐甲派奉祀徐甲真人為主神，傳說徐甲真人是老子用符咒使一軀僕人的白骨復生而成，也有說徐甲真人為老子座騎獨角青牛（犀牛）所化。由於徐甲派可行起死回生之法（度亡），因此也有稱之為烏頭小法，台灣南部一度十分盛行的「牽亡歌」、「打城」等儀式，即多屬徐甲派法師所為。而普庵派以普庵祖師為主神，普庵祖師原為宋代佛教臨濟宗惠慶禪師，生前時分受到尊崇，死後也頗靈驗，其信仰類似清水祖師、慚愧祖師、顯應祖師等，擅長以符咒驅魔，以澎湖為主要分布地區，並向高雄、鹿港等地傳布。

法師所擅長的儀式主要為調營、操營、犒軍、請神、送神、祭煞、收煞、送煞、送外方等法場，以及起土、煮油淨宅、安宅、進錢、收魂、蓋

法師為信眾進行打城儀式

法師進行調營、犒軍儀式

法師進行煮油儀式

魂、栽花換斗、安胎、送流蝦、造橋過限等法事。相較於道士所舉行的科儀，這些法事與民眾的生活更為相關密切。因此，雖然是古老巫術遺留，但卻是更為深入民間。再者，台灣俗諺有「童乩桌頭」之說，法師在許多降神、觀靈法術中也常見「站桌頭」而與乩身相互配合，甚至也有法師兼任乩身者。

道士圈一般多稱這些法師為「小法」，主要的根據有二：一為法師在學習過程中一般多採「口傳」方式，在作法時並不像道士多依照「科儀本」而「照本宣科」，因此必須從小就開始訓練以便記憶儀式內容與作法、唱韻，故稱「小法」，這種情況目前還可見於澎湖地區。其二為法師所行之法相對於道士所行者，一般來說在規模上較小，多是較為簡短的儀式，在行法作法時的法場布置也較為簡單，故稱為「小法」而有別於道士所行的「大法」。

當代「法師」一詞則常見於稱呼出家僧侶。佛教出家僧侶依其宗派之差異與個人所修行或擅長的法門，有法師（擅於說法）、律師（擅持戒律）、禪師（擅長禪修）等。其次，依照台灣佛教的生態，主要可區分為空門、沙門、緇門等三大法門，空門是指身心具出家的僧侶，也是當代對於佛教僧侶的最主要印象，如台灣四大山頭——法鼓山、中台山、佛光山、慈濟等。沙門為身出家（現出家相）但不堅持出家戒律（如不殺生、不飲酒等）的僧侶，台灣昔日許多僧侶常有這類的修行狀態，他們的特徵

當代「法師」一詞常見用以稱呼佛教出家僧侶

是擅長經懺法事，但比較不注重念佛、禪坐等修行功課。緇門僧侶的現象則是身心皆未出家，未現出家相也不持守佛教出家戒律，平時與家人同住而衣著與一般人無異，在舉行法事時才著僧衣現僧侶相。緇門僧的緣起或源於在佛寺侍佛的「齋工」，也有許多是由昔日的「齋教」（主要有龍華、金幢、先天三派）所轉化，他們自稱為「釋教」以別於傳統的佛教，其生態類似道教的火居道士。沙門、緇門的僧侶傳統上多為男性，晚近由於功德法事與法會的需要，也有許多女性投入。

說法的法師與行法的法師

⊙**說法的法師：**佛教的出家僧侶由於宗派的傳承，其中有些擅持戒律而被稱為「律師」，有些擅於禪修而被稱為「禪師」，而擅於講說佛法者就被稱為「法師」。由台灣佛教普遍注重教義之闡揚，故法師也成為佛教僧侶的通稱。

⊙**行法的法師：**主要是法派的儀式執行者，如閭山、三奶、徐甲等，其次為道士中以演行科儀為主的一派，有別於以修行或術數為主的派別，傳統的正一道士、靈寶道士多具有法師身分。而佛教系統中部分派別也有擅長儀式者，如釋教（緇門）、齋教、沙門（經懺僧）等，也可以視為是行法的法師。

釋教法師平日為「火居」生活型態，多自稱緇門僧。

佛教法師為寺廟主持焰口施食儀式

台灣中部地區多稱道士為法師

乩身

乩身在台灣又稱「童乩」、「乩士」，他們的職務主要是作為人（信眾）與神明或鬼魂之間的媒介，藉以傳達神鬼旨意而解決個人難題。乩身一般可分文乩與武乩兩大類，文乩藉由降筆或開口方式來傳達神意，武乩以以操寶（法器）見血來驅使低階神靈。乩身在降神時一般而言自身的意識大多數（甚至全部）會被抽離，因此他們在退神之後較少記得神明降身時的言語或行為。這類將身體借給神靈使用的方式，即古代的「巫覡」信仰儀式，至今仍可見於世界各地的原始部族中，在台灣漢人與原住民社會仍十分盛行。

降乩起源於遠古時期的民間巫術信仰，乩古作「卟」，即「占」字，亦即過法術觀察物的變化或選擇以獲得神意指示。漢人社會的占卜術，即是用龜甲、蓍草、銅錢、牙牌等來推斷吉凶禍福，在古代稱為「卜筮」。「卜」是以透過燒烤龜甲、獸骨以呈現紋路，而「筮」則是以蓍草的長短來推斷吉凶。這類占卜術多由巫師、術士所為，屬於傳統巫術文化中的一個重要部分。後來由於巫術的演變與分化，降神之法與占卜之法相互融合，而出現了「乩」，占字右側的「乚」字，作一人跪拜

乩童起源於古代的巫覡，以降神儀式為主。

之形，即是將傳統的「占卜」之術藉體降神之術相結合，而成為後來所見的降乩之法，並將藉體之人稱為乩身。

乩身降神的儀式一般稱為「扶乩」或「降乩」，兩種方式原有所差異，扶乩多指請神靈降於神職人員所持之法器上藉以指示神意，降神用之法器常見有鸞筆（桃筆）、神轎，甚至是一般可作為寫字的工具。以鸞筆扶乩降神之法又稱為扶鸞，負責持鸞筆以降神者稱為鸞生，後來也形成「鸞堂」信仰。扶鸞是漢人社會古老的降神儀式之一，中國在北宋時期已有文獻記載，這種方式在古代多流行於文人社群（識字人群）。以神轎降神之法目前仍普遍見於台灣宮廟，神轎的類型主要有手轎（兩人握持）、四轎（又稱四輦，二人或四人抬）、大轎（又稱大輦，四人或八人抬），以四轎、大轎降神之法，民間通稱為「關輦轎」，這種神轎降神法通常以乩身為主，其他人則協助配合。

降乩之法則是透過乩身借體給神靈，來達到與神靈溝通的方法。由於是神靈借體，在降乩過程中乩身所呈現出的形貌、聲音，通常與乩身本人差異甚大，而乩身在降乩過程中也多被抽離自身的意識，因此在降乩過程中需要有一名有降乩經驗的資深人員或法師來守護，一般多扮演協助降神、退神與翻譯、記錄神意的角色，台灣民間俗稱其職務為「桌頭」。乩身成為神靈的「代言人」，本身的言行、品行可以

巫覡降神為民間祭司主要的通神祭祀儀式

赤裸上身的玄天上帝乩童

和所代言的神靈完全分開看待。

晚近出現一類以召喚、修持自身「原靈」信仰而有別於傳統神靈借體的乩身，稱為「靈乩」。這些人以女性居多，他們相信自己的原靈在天界各有不同神靈與之對應，在原靈下降於身體時常以吟詩或歌舞方式呈現，自己的意識也多沒有抽離的現象。他們經常集體赴一些具有「靈氣」的寺廟中參拜，透過「會靈」的靈動方式來增進自身的修為。

以手轎進行降筆是乩童常見的降乩儀式

扶鸞是降神以鸞筆書寫神意的儀式

關撵轎是乩童常見的降筆儀式之一

乩童降乩時多有「桌頭」進行轉譯

靈乩常以歌舞進行會靈儀式

乩童、桌頭與仙姑（通靈人）

⊙**乩童：**人與神靈溝通的靈媒，一般多透過神靈指定人選，其原型最早可追溯自古代的巫覡。乩童在降乩（起童）時將身軀借給神靈，藉由附身來傳達神意，神靈附身時大多無自身意識，或呈現恍惚狀態。

⊙**桌頭：**乩童降神時的翻譯者，一般多站立於桌子兩旁，故稱為桌頭，也是乩童降乩時的守護者。

⊙**通靈人：**具有與神靈溝通能力的人，亦屬於靈媒，與乩童最大的差異是他（她）們大多具有特殊感應力，在與神靈溝通時不像乩童會呈現無意識狀態，女性的通靈人又被稱為「仙姑」。通靈人的「能力」有些是因先天的特異體質所帶來，也有透過靈修的過程而獲得，如佛教中有少數僧侶具有眼通、耳通、心通等能力。

乩童為神與人溝通的靈媒

桌頭（左）除轉譯乩童所降神意之外，亦為乩童的守護者。

女性通靈人在台灣通稱為「仙姑」

禮生

禮生從廣義上來說是指禮儀進行前、中、後，全程負責祭祀事務的工作人員，其工作主要有準備祭品、唱儀節、引導祭祀者、讀祝文等，核心的人物則是禮儀中掌控祭祀流程的司儀。禮生的傳統在漢人社會祭祀文化中的歷史十分悠久，可追溯自先秦時期負責司祭的「祝官」。在遠古的部落時期，祭祀事務大多由最高的巫者司祭，巫者一般多是部落中具有降神能力之人，地位尊崇，經常有父子世代相傳的現象，除了祭祀事務之外也經常參與部落重大事務之決策，甚至是由部落首長擔任。

「國家」的觀念逐漸形成之後，行政工作由文官體系掌理，再加上文字的使用，巫的地位也產生了變化，一方面其掌理的事務範圍逐漸專業化，另一方面其地位也逐漸降低而被摒除於重要行政事務之參與，司祭的工作便由文官體系中的「祝官」所負責，如《禮記‧曲禮下》載：**「天子建天官，先六大：曰大宰、大宗、大史、大祝、大士、大卜，典司六典。」**「大祝」即是掌管祭祀禮儀的最高祝官。

由禮生主持的祭祀禮儀一般稱為「獻禮」

禮生在祭祀禮儀中職司禮儀流程之進行

專司禮儀流程的司儀為古代祝官的傳承

祭祀禮儀中主要掌控流程的禮生一般稱為司儀

先秦時期的儒家最重視「禮」，漢代以後由於皇朝官方獨尊儒術之故，以祭祀為主的禮儀也成為國家重要事務，甚至成立專責的單位「禮部」來執掌，在「六部」中的地位僅次於吏、戶而先於兵、刑、工等部。禮部掌管的事務，主要就是國家的各類祭祀，從郊社大祭到宗廟祭祀，甚至是愈來愈興盛的各項祀典。由於大型祭典的內容十分繁複，因此祭祀事務就必須由許多嫻熟禮儀的官員來分工執行，而在國家以下的層級，執行這類祭祀禮儀的人員則多由府、縣學中的生員擔任，因此就通稱為禮生。

在眾多禮生中除了主掌全般祭祀禮儀的祝官之外，實際的祭祀事務則由眾禮生所擔任，其中尤其以掌握禮儀流程的司儀最為核心，在清代以前的祀典禮儀中稱為「通讚」，其次又有「引讚」協助其引導主祭者之動作。司儀之外則是由眾多的禮生分別執行迎送神之儀仗、盥洗、呈遞獻物等工作。

民間的祭祀禮儀在傳統儒家（儒教）禮儀的影響下，也多效法官方祀典禮儀的精神與主要內容，在簡化國家祀典禮儀的流程之後，形成「獻禮」的傳統，如三獻禮、九獻禮等，以有別於傳統由道、佛等宗教所主導的祭祀科儀，也成為民間宮廟常見的祭禮型態，而獻禮的執事人員即是一般所稱的「禮生」。

祝官與祭司

⊙**祝官**：古代專司禮儀流程的官吏，即現代通稱的司儀，在禮儀中主導儀式進行，讓行禮者依照指引做動作，以維持禮儀之順暢，即所謂的「行禮如儀」。

⊙**祭司**：古代祭祀事務的負責人，即司祭。在原始社會時期，部落中重要的事務都要透過祭祀（通神、占卜）來決定，其祭祀流程即由祭司掌控，祭司也經常運用巫覡的降神方式，以歌、舞來祈求神靈下降。中國古代在禮儀逐漸為儒生所掌控之後，祝官與巫者遂逐漸分離。

廟會祭典儀式中的法器與服飾

在廟會的祭祀禮儀中，為了儀式之進行，宗教師（道士、法師等）必須藉由一些具有特殊宗教意義的器具來達到儀式的目的，這些行法時所用的器具一般通稱為法器，既是行法用的器具也同時是具有法力的器具，常見如木魚、銅磬等，其次有法劍、法印、法鐘、法角（號角）、法尺、令牌、五寶等。這些法器若依照宗教區分，有道教法器、佛教法器與乩童法器等三大類型。其次，宗教師為了凸顯其法職，將其身分由平常的裝束轉變為執行禮儀時的專業形象，就必須透過服飾的改變來呈現，因此各類型的宗教服飾也呈現出其宗教的屬性，以及宗教師本身的地位。

宗教服飾通稱法服，為宗教師身分的重要標誌（靈寶道士）。

道教法器

道教的主要特徵之一就是十分重視法術之行使，因此在進行各種儀式時，除了基本的符令、咒語之外，也常運用各式器物來達到行法術之目的，這些器物就是一般所通稱的「法器」，而這些法器由於具有法力，也常成為具有辟邪功能、具有法力的器物。道教法器的原型多半從古代的器物衍化而來，主要有古代的信物、武器等，前者如令牌、法印、龍角（法角）等，後者如七星劍、師刀、法索等。在類型眾多的道教法器中，又可根據它的功能不同而區分為召請、證盟和驅煞辟邪等三種類型。召請用的法器，主要在召請護法神來臨守護壇場或呈送疏文，如令牌、龍角、帝鐘等。證盟用之法器，主要是各類型法印，通常與符令、疏文配合運用。而驅煞辟邪用的法器數量最多，主要在驅逐邪祟，如七星劍、師刀、法尺、法索等。

令牌

令牌常見的有五雷令牌和天皇號令，台灣道壇以五雷令牌為主，通常用於重要的道教儀式中。五雷令牌常見的形式為上圓下方的長形令牌，正、反兩面常有三清諱（霐𩆜𩇎，即玉清、上清、太清，合稱三清道祖）、

法器為行法所用的器具，也是具有法力的器具。

道長持五雷令召官將

五雷號令、總召萬靈字樣，以及法劍或雷神的形像。而令牌側邊則刻有二十八星宿名諱（角、亢、氐、房、心、尾、箕、奎、婁、胃、昴、畢、觜、參、井、鬼、柳、星、張、翼、軫、斗、牛、女、虛、危、室、壁）。令牌上的文字經常使用組合文字的複文式形式，以及符令式的紋樣，來象徵其具有神秘的法力。五雷令牌為道壇上必備的法器，平常供奉在道壇神案上，而在法會、醮典中，高功道士則執令牌召請護法神將降臨，以護衛道壇，並達到驅逐妖魔邪祟的目的，通常用於發表科儀中的召請官將儀式，以及勅水禁壇科儀中的召四靈儀式。

帝鐘

又稱為「法鐘」、「三清鈴」，是道士最常運用的法器之一，其造型的特徵是鐘體握把的上端作成三叉形狀，來象徵道教「一炁化三清」的信仰。道士在進行儀式時配合請神唸咒儀式的進行，手執帝鐘的上端握柄，節奏式前後搖動，使鐘內的金屬錘撞擊鐘壁內部而發出清脆的鈴聲，藉由鈴聲也可達到驅除邪魔的作用。

道士在請神科儀中搖帝鐘以為節奏（李秀娥攝）

道教五雷令牌正面

道教五雷令牌背面

道教帝鐘

法印

法印是指鐫刻有神祇名諱或符文的印璽，印面通常為單面、正方形，印身上方有時雕有印紐，印紐以獅形的辟邪獸最常見。天師府所用的法印形式較為特殊，印身為正六面體，分別刻有八卦及不同的印文。材質多用木料，也有青銅製品或石材。正一天師道派最重視法印，天師印及寶劍是張天師的傳家寶，每一代張天師都配有劍印隨身。正一天師道派擅長符籙道法，在科儀中經常要處理文書或符籙，加蓋法印就成為仙聖印證文書、符籙靈力的重要手法。因此一般道教信徒都相信法印具有相當大的神力，可以除魔辟邪。

道教的法印類型相當多，最常見的為玉清印、三清印與老君印等三種，玉清印即元始天尊法印，印文鐫刻「玉清至寶」，常用於發表科儀或勅蓋符令等重要儀式中，蓋在表文、符令之上，來象徵奉元始天尊之旨意所執行。三清印又稱三寶印，印文鐫刻「道經師寶」，是道壇最常用的法印，通常用於疏文、關文、牒文等用印。老君印的印文鐫刻「太上老君」，即是奉太上老君之旨意，通常用於一般疏文用印，或是蓋在信徒衣領上來達到護身辟邪的目的。

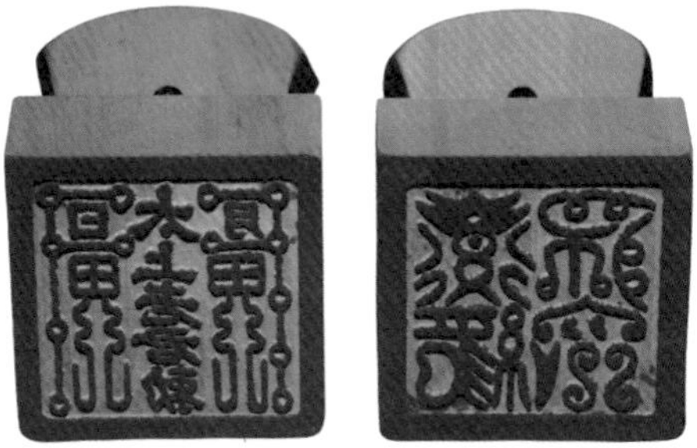

道教三寶印（右）與太上老君印

道士在勅符儀式中以法印蓋符令

淨水缽

道教用淨水缽

淨水缽又稱水盂、水碗，是道士執行道壇科儀時重要的清淨法器，主要是以法力勅水道壇五方使之清淨，以避免邪祟干擾道壇。淨水缽多用銅或錫等金屬材質製作，使用時內盛清水，再燒化清淨符進入缽中使清水成為具有除穢法力的法水。儀式中道士以左手托水缽，以右手取榕枝沾法水來灑淨，或是用口含淨水以噀水（噴水柱）來清淨壇場。

道士在儀式中持七星劍與淨水缽淨壇

龍角

龍角又稱龍甲、號角、牛角、角笛等，龍角常見以彎曲的牛角（水牛、黃牛）製作，尖端安裝銅製吹嘴，另外也有整支使用錫打製成半圓式的號角，稱為錫角。龍角是法師或道士作法時的重要法器，常用於召請五營官將或其他神將的儀式中，法師左手持帝鐘或令旗、七星劍，右手則執龍角緊貼嘴角來吹出具有高低的號音，目的在祈請護法官將降臨法場，來達到驅除邪祟的目的。

牛角製龍角

正一道士在儀式中吹錫製龍角

七星劍

七星劍是重要的道壇法器之一，主要有金屬製和桃木製兩種材質。常見的七星劍長約二到三尺，不論是金屬鍛造或桃木雕製，在劍刃兩面多鑲有北斗七星的符號，具有斬殺邪祟的強大法力，特別為正一天師道派的道士所常用，與「天師印」自古即為張天師的家傳寶物。道長在「禁壇」科儀中，常使用七星劍配合淨水來進行勅淨五方，藉由七星劍的法力來掃除道壇妖氛，並以七星劍進行開金井立獄的封鬼門儀式；有時兩把同時使用，稱為雌雄劍、雙劍或合劍。

道士在儀式中持七星劍進行結界

師刀

又稱法刀、師公刀，是法師專用的法器，長約一尺，多為銅製或鐵製。刀刃的形狀類似匕首，刀刃兩面上鑲嵌（刻）有七星圖案，刀柄製成類似握把合併的剪刀形狀，刀柄內串有七或十二只古銅錢，來象徵北斗七星或十二時辰，造型相當特殊。法師在法場儀式中，搖動師刀作響，以達到斬妖除魔、驅除邪祟的目的；也常用於改運割鬮儀式中，用師刀割斷藺草，來象徵割離信眾的厄運。

師刀

法師在制解儀式中以師刀進行割鬮

桃木七星劍

法尺

法尺是具有法力的尺，常見的長度約一尺三寸，為法師常用的法器，法師在儀式中用來驅退邪魔。法尺的形制常見的有扁形的鐵尺或木尺，以及木製四方棍形的天蓬尺。由於尺具有度量的功能，故在宗教信仰中被轉化成一種法器與辟邪器物，如「禮斗法會」在米斗中置有尺，象徵度知長短。而天篷尺的尺面則沒有刻度，但雕有日月、南北斗等星宿圖案，以及天篷元帥、天猶元帥等名號，以祈藉天篷大神等之神聖力量，來驅除信眾身上的邪祟鬼魅。

以天篷元帥為號令的法尺又稱天篷尺

法索

又稱為「法繩」、「法鞭」等，是法師重要的法器之一，台灣的法師尊稱為金鞭聖者，使用時經常將它披掛在頸肩之上。法索的的握柄處多為木製，上雕蛇頭或龍頭造型及八卦圖案，繩身則以袋仔絲（麻線）編成。使用時手執木雕部分以揮甩繩身，以之驅除邪祟；不用時則將繩身盤繞，使其握柄尾端的頭部朝上，供於桌案上。法索的起源與古代福建永春安溪一帶的法主公信仰有關。相傳法主公為宋代人，張蕭洪（或稱張趙湖）為結義兄弟三人，聽聞福建永春州九龍潭石牛洞有一千年蛇妖，能化為人形

禮斗斗燈中置有尺以辟邪

法索

危害地方，當地居民需於每年獻祭活人，否則即有天災蟲害等降臨。張姓兄弟三人入洞制服大蛇之後，化為青煙升天為神，蛇患遂從此而絕，百姓就建廟奉祀，尊稱為法主公。而被法主公制服之大蛇，也成為法主公駕前的蛇將軍，輔佐法主公以法力為信眾驅逐邪魔。法索是法師在進行儀式時其主要法器，法師通常持之來召請五營神將壓鎮五方，或是用以驅逐邪祟。

佛教法器

佛教法師所用的法器主要用於科儀中的召請、控制儀節與破穢除障等，主要有木魚、銅磬、法鈴、鐃鈸、鐺子、引磬、淨水缽、金剛杵、念珠等。

木魚、銅磬

木魚與銅磬為科儀桌上必備的法器，通常為左右相對，木魚在左側，主要供念經禮懺使用，原為佛教專用的法器，後為道教與民間宗教所沿用。木魚則採魚的「不闔眼」意，而有時時警醒的象徵；早期常作較為具象的彎弧魚形狀，近代則演變成圓形包袱狀。木魚的材質多為木製或由竹

法師在犒軍儀式中以法索召兵將

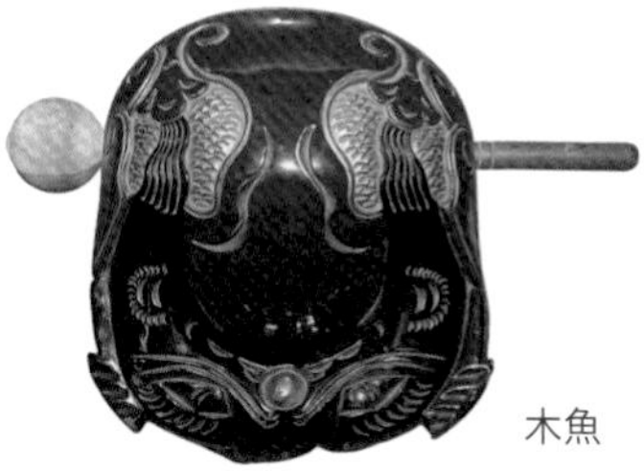

木魚

銅磬

頭所製，使用時以類似鼓棒的木棒敲之，其聲音沈篤，作為提醒及節拍之用，並以砥礪修行人的精進不懈，主要有兩種，大型的置於科儀桌上，小型的則可持握在手上以利於行進間敲擊。而銅磬為銅質的大碗，類似僧侶托缽所用的銅缽，敲起來音高悠揚，主要是在科儀起始以及誦念佛號時敲擊之。

法鈴

又稱為金剛鈴，銅鑄，為法師最常用的法器，具有召請亡魂、震開冥府、控制科儀節奏等功能。其鈴身形狀與尺寸與道教所用的法鐘（三清鈴）類似但握把的頂端則作分為四股的瓜稜形狀，以之象徵四大皆空，鈴身內部有金屬製撞錘以利敲擊出聲響。

鐃鈸

銅鑄互擊式法器，其功能與法鈴類似，但偏重於控制科儀唱誦節奏。其形狀為正圓形，中心部份突起並穿有繩子以利把持，尺寸較小型的為鐃，又稱為小鈔，較大型的稱為鈸，又稱為大鈔，也常見於北管樂隊與舞獅陣頭中。

法鈴

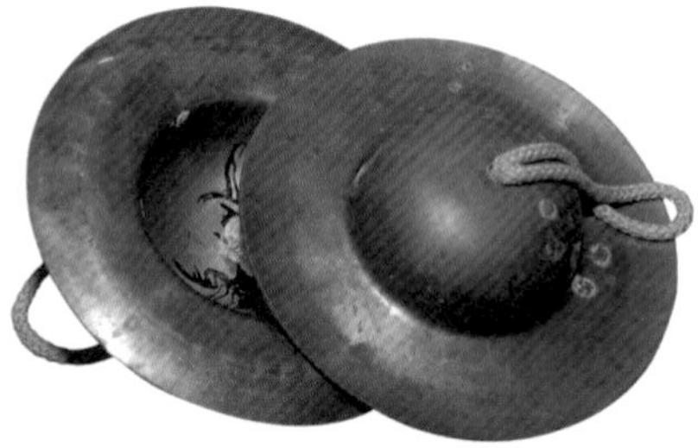

銅鈸

鐺子

又稱「單音」為科儀中節制唱誦的節拍樂器，在長約二十公分的木柄上安裝一只直徑約十五公分的金屬圈，然後以棉繩在圈內繫上一面直徑略小於外圈的平面銅牒，使用時則以竹子（塑膠）製小槌擊打之而發出清脆的聲響。

引磬

為科儀中節制唱誦的節拍樂器，即銅磬的縮小版，以利在行進中持握敲擊。引磬的形狀是在長約二十公分的木柄上安裝一只直徑約五公分的小型銅磬，使用時則以金屬製細棒打擊之，使之發出高頻率的金屬聲響。

淨水缽

又稱為乳海，一般為銅製，尺寸比道教所用的水盂較小，形制也不同，通常由上下兩半組合而成，上半部作小水壺狀，下半部作扁圓收口的水缽狀，相疊之後成為葫蘆狀，所盛之淨水稱為甘露水，通常用於灑淨、施食儀式中，或是用以敕淨物品、座椅。

鐺子

引磬

佛教用淨水缽

金剛杵

銅鑄，長約十五公分，兩端作四股相連的瓜稜造型，為破除迷障的重要法器，常見於施食科儀中，用以破除亡魂的業障。

念珠

即誦念佛號的計數器，以直徑一公分內的圓珠所串起，其材質常見有菩提籽、琥珀、瑪瑙、珊瑚、象牙等，其數目通常為一〇八顆，中尊法師在穿著袈裟時要頸掛念珠，進行儀式時可持在兩手中交互數數。

乩童法器

乩童法器起源於古代巫術所用的器物，主要用於召喚神兵或顯示神靈附身之法力，多以砍背、刺頭的自虐式操作方式來達到展現神威的目的。常見的乩童法器除了與道士所用相同的七星劍之外，還有刺球、釘棍、鯊魚劍、月斧等。

金剛杵

佛教法師手持念珠

刺球

刺球俗稱紅柑，為乩童作法時的重要法器，與七星劍、釘棍、鯊魚劍、月斧等並稱為「五寶」。乩童在降駕時以之搥擊背部，透過見血來召請五營兵將或辟邪。其形式多以圓形木球為基礎，球體四周反插釘支，大小不一，小者五十多支，大者一百多支，多作平均排列、上下對稱。釘支尖處繫有纏繞成網狀的紅線，一來可固定法器，二來可避免操演時釘尖過度深入皮肉中。經施法之後，亦可置於轎門或門楣上，作為辟邪之物。

釘棍

又稱銅棍，也有稱之為狼牙棒，與七星劍、刺球、鯊魚劍、月斧合稱為乩童五寶，是民間乩童降神展神威時的重要法器。釘棍一般長約兩尺半，在朱紅色的木製圓形棍身上鑲嵌三十六根尖牙狀的金屬片，或是一百零八根銅釘，以之象徵三十六天罡和天罡、地煞總和的一百零八數。鑲嵌銅釘的釘棍，通常會在每一根釘子的尾端纏上紅線，彼此相連，以防止刺入肉體過深。乩童操弄釘棍時，一般以劈砍背部或頭頂，使身體見血，以之達到辟邪和展現神威的目的。釘棍不使用時也可懸掛在門口，作為重要的辟邪物。

乩童法器籃，中為刺球。

橫置於法器籃上的釘棍

鯊魚劍

鯊魚劍是乩童五寶中唯一由動物肢體所製成者，又稱為鯊魚齒或骨刀。鯊魚劍取自於鋸齒鯊吻前方的鋸狀齒，由於是天然的物體所製，故其尺寸和鋸齒的數量不一，全賴捕獲的鋸鯊體型大小。取下鋸鯊的鋸狀齒之後僅在下半端纏上紅布以作為握把，鋸齒的數目雖然沒有一定限制，但必須符合「神治鬼、鬼治神」循環推算的原則，最後一齒必須落在「神治鬼」上，否則就被視為凶器，必須拔除多餘的一齒方能成為法器。乩童操鯊魚劍的方式與操釘棍類似，多以劈砍背部為主。使用前必須在劍身貼上符令，而鎮廟或安轎時，可以將鯊魚劍和月斧交叉懸掛於窗口，作為重要的辟邪物。

月斧

月斧是乩童五寶中唯一成對出現者，其造型通常在長約兩尺的木棍上端，安置一片由銅或鐵打製的彎月形斧面，與宋江陣所用的雙斧類似，民間也有稱為月眉斧者。乩童操弄月斧是以斧口劈頭頂或背部，使身體見血而達到辟邪和展現神威之目的。月斧的斧口雖然比較不銳利，卻是乩童五寶中最難操弄者，稍有不慎便可能傷及筋骨，因此多在斧面或把手上貼上

乩童持鯊魚劍

持釘棍的乩童（中左）與持七星劍的乩童

符令。民間也有以月斧作為門楣辟邪物者，將兩把柄部交叉的月斧懸掛在門窗之上，俗信可以防止邪祟入侵。

宗教服飾

各宗教的儀式專業人員為了表現出儀式專家的身分，在主持祭典時都會視儀式需要，慎重穿著代表其宗教職司與身分的服飾；而為了表現莊嚴性與神聖性，這些宗教服飾都會運用最精緻的工藝手法加以製作，並符合宗教的義理與精神，因此也成為重要的宗教藝術與文物。在眾多宗教服飾中，以道教的服飾在形式上最具有藝術性，其次是法教（法派）的法師與乩童，佛教法師與儒教禮生則因為教義所限，其服飾在形制與裝飾上都比較單純。

道教服飾

台灣的道士由於多屬在家的火居道，平時的家居生活與服飾穿著和一般人沒有多大差別。因此，當道士在主持各種宗教儀式時，也就特別重視其儀服、裝扮，以凸顯其宗教儀式專家的專業職司。

台灣的道士在執行宗教儀式時所穿著的服飾，依照其等級的不同主要

罡衣正面

罡衣背面

可區分為罡衣、道袍、海青等三類，各式道服上的圖像均各有其象徵意義，以示道士在進行時儀式所代表的位階、身分，也可藉由不同道服的穿著來看出所進行儀式的特質。但靈寶道士與正一紅頭道士在穿著道服時，也隨著其道脈的傳承而有所差別，主要的差異在道袍方面，其中以靈寶道士在服飾穿著上的規矩較為嚴格，而在罡衣和海青方面則大致相同。

罡衣又稱為「絳衣」，主要由於早期的絳衣底色為暗紅色之故。罡衣為高功道長（俗稱站中尊）專屬的道服，通常烏頭道士的高功道長在重要儀式都會慎重地穿著罡衣，如醮典中的發表、登台拜表等科儀。罡衣為對襟、連袖全幅形式的道服，由於其外觀為正方形，故名罡衣。罡衣的製作十分考究，其裝飾主要採用刺繡，通常以黃、紅色的綢布為底，其上刺繡各種具有道教意義的紋飾。罡衣正面的紋飾主要有八卦、四靈（青龍、白虎、朱雀、玄武）或四獸（虎、豹、獅、象）、雙龍或雙鳳、官將或八仙等；背面的紋飾則有太極八卦、寶塔、三台、金烏、玉兔、四靈或四獸等。

高功穿著罡衣時，其內通常要先穿著黃色的海青，然後在腰前繫上一條俗稱為「呑」的兜佩（蔽膝），兜佩也刺繡有蟠龍、獅頭等紋樣。腳上則穿著鞋底有一至三寸高的雲鞋或朝靴，頭上戴網巾固定頭髮，其上加配木刻的金漆道冠，道冠頂端再插著「金仰」，胸前也需佩戴朝珠以示朝見

道長著罡衣

網巾與道冠，冠上插金仰為道長所用。

三清道祖或玉皇上帝，但高屏地區的高功道長則認為佩掛朝珠為清朝之例，因此在日治之後就不再佩掛朝珠。而當進行普度科儀時，道長在登座之後會在道冠網巾之外，繫上繡繪有五方五老（帝）天尊法像的「五老冠」（五帝冠），化身為太乙救苦天尊來對孤魂滯魄進行說法、施食。

其次是在儀式中擔任都講、副講、引班、侍香等職道士所穿的對襟有袖道袍，底色有紅、黃兩色，其上繡有仙鶴、靈龜、八卦、寶塔等靈獸和寶物，俗稱「鶴絳」。雲林以南的道袍在形式上則有所不同，主要是胸前和背後有一塊仿自明清官服上的「補子」，補子上的紋飾以麒麟、獅子較為常見。道士在穿著道袍時，腳上則著黑色布鞋，頭上也戴網巾及道冠（不插金仰）。而在紅頭道士的習慣中則較少穿有袖的道袍，除了高功之外的道士在重要科儀時仍穿著罡衣，而在一般的儀式中則穿著與罡衣外型相似但無刺繡紋樣的方幅道服。

其中有一種寬袖的道袍，在黃色綢布上正面刺繡雙龍、雙虎、八卦，背面刺繡三台、寶塔等紋樣，稱為龍虎衣，裝飾較一般的道袍為繁複，但比起罡衣來說則又顯得較為樸素。這類龍虎衣原為龍虎山張天師專屬的服飾，後來也為台南地區的烏頭道士所襲用。高功道長在進行拔度功德或醮典中的一般科儀時，為了輕便多改穿這類龍虎衣，而腳下仍依舊穿著雲鞋，胸前掛朝珠，冠上插金仰。而在進行拔度功德的一般儀式或一些肢體動作較大的科儀動作，如穿花、祭煞、放赦等時，高功道長會改穿道袍，

道長在普度時頭繫五老冠

靈寶道士道服前胸後背有補子

海青

而一般道士則改穿素面的海青，主要有黃、黑兩色，依然配戴網巾和道冠（不插金仰）。

台灣的法教常被視為道教中以行法術為主的一派，稱為法派。法教根據其傳承又有三奶、閭山、普庵、徐甲等派別，他們廣泛地分佈在台灣漢人鄉間、城市聚落，與社廟緊密結合，是台灣傳統宗教執事人員中最深入民間社會者。台灣的火居道士在舉行儀式中，也常運用法教的科儀，或是兼習法教專業而成為道、法二門；故法教與道教之間經常形成相互搭配的情形，因此他們的服飾、御物也有相同之處。

法教專業人員一般被稱為法師或法官，由於較為深入民間，所以平常服飾除了重點標誌之外，也多隨著社會之風俗穿著。常見的法服有眉冠、龍虎裙，主要御物有法索。但在舉行較為盛大的儀式時，則會穿著盛裝的法服以示慎重，最隆重的法服與道教之絳衣相似。

台灣法師一般的裝扮為身穿龍虎裙，頭戴眉冠，赤腳，身披法索，有時會將眉冠省略。龍虎裙是法師最主要的服飾，其樣式為兩片上方相連的長形刺繡布，分別繡有龍、虎之圖案，或是以兩片上端相連的白色長方形布，其上分別繪以龍虎圖案，故稱為龍虎裙；穿著時繫於腰際，使之遮蔽左右大腿前

龍虎衣

閭山法師

方，上下身則依舊穿著平時之服裝。眉冠是法師主要的法冠，簡稱「眉」，為單面半圓形而無頂的頭飾，形式與玄天上帝造像所戴者相同。法師穿戴眉冠時，會先在頭上覆以紅布，或分別象徵五方、五行的五色布，之後再將眉冠繫於前額。

佛教服飾

台灣的佛寺在一九五〇年以前多為民間信仰化、社廟型態的香火廟，在宗教專業人員方面，除了少數寺廟聘有比丘或比丘尼為住持之外，一般以共修念佛的「齋教」居士和火居為人作法事功德的「釋教」法師為主。民國四十九年以後，許多大陸出家僧人隨著國民政府來台，台灣才有較多的佛教僧眾。台灣的佛教專業人員，一般信眾多尊稱為法師，這些佛教人員雖然有各種不同的宗派，但因為都是屬於大乘佛教中顯教的法脈，所以服飾御物比道、法二教來得單純。

傳統佛教自釋迦牟尼創教之後，逐漸建立嚴格的僧團制度，傳入中國之後雖然也產生中國化的情形，但歷代高僧大德為了約束僧團也建立許多中國化的叢林規矩；在這些叢林規矩之中，就包括了僧人的服飾規定，使得佛教僧眾的形象在諸多宗教之中顯得特別突出。出家僧人的服飾傳統稱為「袈裟」，為梵文 Kasaya 的音譯，意譯為不正色、壞色、染色等，亦

三奶法師

即古代僧人不穿著正色的衣服，故袈裟就成為僧人法衣的通稱。袈裟的顏色傳統上有三不正色（青、泥、木蘭）與五不正色（若青、若黃、若赤、若黑及赤黑），中國佛教在漢魏之時多穿赤血色衣，後來又有緇衣、青衣、褐衣。唐宋時期朝廷賜紫衣、緋衣，又有金襴袈裟。明代規定禪僧穿茶褐色衣和青條袈裟，講僧穿玉色衣和綠條淺紅色袈裟，教僧穿皂衣和黑條淺紅色袈裟，後來一般皆著黑衣，故出家僧自稱為「緇門」。

傳統袈裟有三種，稱為「三衣」，即大衣、上衣、內衣。大衣又稱復衣、重衣、高勝衣，為正裝衣，上街托缽或奉詔入王宮時所穿，由九至二十五條布片縫製而成，亦稱九條衣；上衣又稱中價衣、入眾衣，為禮拜、聽講、布薩時所穿，由七條布片縫製而成，亦稱七條衣；內衣又稱中衣、中宿衣，為日常工作或就寢時所穿之貼身衣，由五條布片縫製而成，故亦稱五條衣。三衣之外，比丘尼另有覆肩衣和下裙，合稱比丘尼五衣，後來一般的比丘亦服五衣。袈裟的製作有一定的規制，不按規制製作者則稱縵衣。又袈裟由多數碎布補綴而成，故又稱為「衲衣」。明清時期中國佛教的出家僧人已較

佛教法師

少只穿著三衣或五衣，平時之服飾多以中國化的式樣為主，如窄袖的僧服、寬袖的海青，只有在重要場合如舉行法會等，在僧服或海青之外加上袈裟以示盛重。

袈裟的披法有通掛左右肩之「通肩」與露右肩披左肩之「偏袒右肩」兩種，中國僧人多以偏袒右肩的穿法為主。僧人穿著袈裟時，又在胸前披掛念珠，在主持重要法事如普度施食之時，頭戴毘盧冠，因冠上有毘盧遮那佛（亦即三身佛之法身佛）之像，故名。又在毘盧冠之外綁上繡繪有五方佛的五佛冠。台灣火居的釋教法師（俗稱香花和尚），在進行法事時，除了傳統的僧人服飾之外，中尊之外的法師頭戴一種船型的扁長僧帽，俗稱師公帽。

除此之外，台灣齋教或釋教法師在主行法事時，會隨身攜帶一條方形布，稱為「坐具」。坐具舊稱尼師檀，又稱隨坐衣、坐臥具，其功能有三：一為護身，二為護衣，三為護眾人床席臥具。但一般都作為禮拜之具，在禮拜時先敷上坐具，然後再進行禮拜。唐代禪門高僧認為以坐具禮拜不如法，故後世僧人多不用，但台灣火居之僧人（釋教法師）仍在儀式中使用，不用時則將坐具

釋教法師

折疊持於手上。

乩童服飾

乩童的服飾在外觀上經常與法教的法師類似，其服飾常因區域性而有所差異。常見的乩童服飾之一是裸身，而在腰間繫一條類似法教法師所著的兩片式龍虎裙，第二種常見的乩童服飾是在胸腹穿一件肚兜，以女姓神明（如觀音、媽祖）和孩童神（如三太子）乩身居多，衣面上的紋飾以刺繡八卦圖案為主，其次是寺廟、神明的稱號，下身則穿著日常的褲子。不過將肚兜與龍虎裙一起合穿的情形，在台灣各地也十分普遍。傳統的乩童為了「操寶」（操法器）並不在頭上戴冠，但晚近蓬勃發展的「靈乩」（以女性居多），她們由於不作操寶儀式，因此也有戴冠或法飾的情形。傳統的乩童多必須跣足，但晚近的靈乩則多穿著棉布鞋（或繡花鞋），甚至是現代式球鞋。

赤裸上身的乩童

穿著肚兜的乩童

禮生（鸞生）服飾

由於儒家（教）式的祭祀禮儀以莊嚴肅穆為主要宗旨，因此儒家（教）禮生的服飾也多以素淨簡單為主。日治時期以來，由於許多成年男性改著西裝的趨勢增加，故祭典中多見清式立領斜襟長袍為主，常見的顏色有白色、淺藍色、深藍色、棕色等。而為了表示慎重，也會在長袍之外再穿一件對襟短掛，成為「長袍馬褂」的組合，頭上則戴清式暖帽（盤帽）。而在一場大型的儒家（教）祭禮中，為了區別職務的高低之分，如通讚、引讚、侍禮等，也會呈現在服飾的顏色或款式之上，最明顯的即是民間宮廟在祭祀祀典神之時。而在孔廟的釋奠大典中，也常見各層職務的禮生穿著明代以前款式寬袖袍服與梁冠（或平冠），而正獻官、分獻官以及陪祭者卻穿著清式長袍馬掛的現象。

迎王祭典中的王府禮生

穿著長袍的鸞生

廟會祭典中的祭具與供品

在禮儀的三要素禮義、禮文、禮器中，雖然祭祀的主要精神與內涵是以禮義為主，但禮器乃是具體而可見之物，因此常成為呈現禮儀形式的主要外在象徵，乃是禮義的形象載體。在廟會的祭祀禮儀中，祭祀行為外在主要的形式特徵，乃是手持祭品（肉）奉獻給鬼神的形象，因此祭品、供品以及相關的祀具，雖然非最主要的核心要素，但在祭祀禮儀中卻具有十分重要的實質意義，乃是祭祀禮儀不可或缺的要素。因此，即便如不語怪力亂神的孔老夫子，也反對任意去除、改變祭祀禮儀中的禮器（祭品）。《論語．八佾》即說：「子貢欲去告朔之餼羊。子曰：『賜也，爾愛其羊，我愛其禮。』」

在祭祀禮儀中，古代所須使用的祭器、祭品等，甚至連參與祭祀者所穿的服裝也可以說是廣義的禮器。當代祭祀之常見禮器，有金、香、燭、炮、全豬、全羊、五牲或三牲、菜餚、酒水、粿類等。行禮時便是藉著這些器物（祭品）的陳列擺設，利用具體的東西而將抽象的意念引導出來，使行禮者及觀禮者能從這些器物所架構出來的情境中，體會出行禮的功能或目的。[1]因此祭品、供品以及相關的祀具，雖然非最主要的核心要素，但除去祭品、祀具之後，行禮者或觀禮者便無從遵循、體會祭祀禮儀之精神與意義。因此，在祭祀禮儀中，若要達到表現虔誠、恭敬等心理與態度，首先即先要「奉之以物」，這也顯示在漢人社會中一向重視祭祀之物（供品、祀具）的傳統精神。

祭祀神明的器具與物品，主要有祭器與供品兩大類型。祭器又可分為祀具、卜具、出巡用具等，供品則類十多元，從具有香氣的香、花、茶、酒等，到可食用的果、糕、牲禮，以及各式紙錢等。

1 徐福全，1995，《台灣民間祭祀禮儀》，頁13。新竹：台灣省立新竹社會教育館。

神羊是古老的牲禮供品

祀具

主要有爐具、燈具、奉具等三大類型。爐具如天公爐、香爐、薰爐等，燈具如燭台、燈台等，而奉具則主要有神桌、薦盒等。台灣民間為了表現對於諸神的虔敬之意，民間一般都注重祀具的製作，不論是寺廟或是民宅廳堂中所使用的祭祀用具，在作工上都非常考究，這些祭祀用具通常以木雕、鑄造方式裝飾，間或雕繪並作，其品類造型十分豐富，也是最近於常民生活的民俗工藝。

直筒圓身的斗爐

爐具

不論是佛教、道教或是民間信仰，在祭祀禮儀中都十分重視燃香，除了以香供養神明之外，也藉由香煙裊裊上升而將祈願上達天聽。燃香的方式也有粉香、線香、盤香、香珠等形式，而燃香必須有器具，及發展出香爐、薰爐、手爐等各種燃香用的爐具。

「香爐」是燃香祭祀必備的重要用具，依其祭祀對象而有祭神、祀鬼的不同用途：祭神用的香爐主要為圓形，通常有兩種，一是祭祀玉皇上帝

開口內縮的甜爐

開口向外的批爐

專用的天公爐，以金屬鑄成，作高足鼎的造型，體積較大，置於室外向天處或拜亭；二是祭祀一般神明用的香爐，材質有石、陶、金屬等，多置於神桌上，爐身以圓形居多，並有斗爐（爐身如米斗）、披爐（爐口向外張）、詌爐（爐口向內縮）等形式，以及三足、圈足等造型。而祀鬼用的香爐與祭神用香爐大小材質相差不多，但通常為方形，乃源自於天圓地方的觀念，如孔廟祠堂、公媽廳祭祖或有應公等所用的香爐即為方形，有時祭祖香爐使用圓形，但加上兩耳表示區別。

天公爐為點香祭祀玉皇上帝的香爐。台灣民間信仰繼承古代漢人信仰傳統，將玉皇上帝視為至高無上的神祇，暱稱為天公，乃是所有天神、地祇與人鬼神的統領，因此祭祀天公所用的香爐在形式上，也多有別於祭祀一般神祇的香爐。台灣民間所見的天公爐主要有兩種類型，一種為寺廟中所用的落地型鼎爐，另一種為民居所用的天公爐。源於在清末之前祭天乃是皇帝天子的專屬權利，一般寺廟並未供奉天公之神位，因此就在廟埕或廟前露天處設置一只落地之香爐以祭祀天公。

寺廟的天公爐造型多作落地式圓形三足鼎爐，一般以金屬鑄造，高約三至五尺，在爐身鑄有玉皇上帝名號或寺廟名稱，爐身的兩側各置蟠龍一條，乃是古代「龍生九子」傳說中性好煙的金猊所轉化。而許多寺廟為了避免香枝為雨水淋濕，多在鼎爐上安置圓形或八角形攢尖式屋頂。民眾至寺廟上香時，多先朝天上香之後才向其他神祇上香。

雙耳錫爐

懸掛於三川殿樑下的三界公爐

神明爐為祭祀神明用香爐之總稱，一般以供插線香的香爐為主，普遍見於寺廟祀神和民居廳堂祀神。台灣所見神明爐多安置於供桌上使用，爐身高約六寸到二尺不等，是最主要的祭祀用具，其造型和材質十分多元。神明爐的形式可區分為圓形爐和方形爐兩類，傳統上原有祭祀對象之區分，基於天圓地方之宇宙觀，以圓形爐祭祀天神，如三官大帝、玄天上帝、文昌帝君等；而以方形爐祭祀地祇神和聖賢神，如城隍、山神、土地公、媽祖、關帝、保生大帝等，但近代多已混同。在材質方面，以金屬製（銅、錫居多）為尚，其次為陶瓷、石雕等，木雕、泥塑者較為罕見。在造型上方形爐多為敞口，圓形爐則可區分為爐身直筒如米斗的斗爐，爐口外翻的披爐與爐口內縮的甜爐三種類型，又有三足、四足、圈足等差異。其次也有具有爐耳和無爐耳之不同，爐耳多作雙龍雙螭或雙獅造型。

薰爐在台灣民間祭祀禮儀中，燃香供神的方式有數種，最常見的為燒線香（柱香），其次為盤香、末香（粉末狀）、瓣香（肅柴）、香珠（多作圓錐形）等。香爐一般多指插線香用的爐具，燃盤香時將大型盤香懸掛於空中，小型盤香則以香盤承接，而燃末香、瓣香和香珠則使用薰爐。相較於一般的香爐，薰爐在尺寸上一般較小，多有蓋，蓋上鏤空以利香煙飄散出，爐蓋上常見有獅子造型的裝飾，此即「龍生九子」中性好煙的金猊。佛道二教在舉行科儀常在科儀桌上以薰爐點燃末香或瓣香，而民間宮廟在迎接遶境神駕時，也會在設置於大門外的香案上供一只薰爐，或是由神職

銅製圓形燻爐

圓形神明爐

有蓋鼎形天公爐

大型錫製方形燻爐

方形神明爐

人員手捧置有薰爐的奉案來進行迎神拜禮。

手爐為一種帶有長握柄的爐具，燃香的爐身作圓形，直徑約兩寸，握柄長約一尺，雕飾成龍形或作如意造型。手爐又可一功能區分為燃粉香與插線香兩種，燃粉香之手爐具有鏤空之爐蓋，內燃粉香，插線香之手爐則在爐身上方中心鑿洞以利插香。在重要祭祀禮儀中，為首之信眾在儀式中持手爐以隨拜。而道壇進行「朝科」科儀中，高功道長則持手爐進行「發爐」儀式，以出官為信眾祈福，為道教祭祀禮儀中十分重要的祀具。

燈具

燭台是安置蠟燭以祭祀神祇、祖先的重要器物，一般採一對兩件設置，與香爐、燈台成為祀具中的五大件。燭是傳統祭祀供品中的五供（香、花、燈、燭、果）之一，也是民間祀神祈福的重要供品，因此安置火燭以供神的燭台也就受到重視，通常為兩只一對。台灣民間所見的燭台形式十分多元，較簡單的在一只束腰底座頂端安置一只小淺缽，然後在缽中央豎一根短籤以供固定蠟燭。較為考究的造型更在基座之上安裝一根木雕的假蠟燭，並在燭身裝飾一條蟠龍，彷如寺廟建築中的龍柱造型，稱為龍燭，是燭台中最精緻者。也有將基座雕飾成蹲坐的一對獅子，或是童子、仕女，作呈托燭盤模樣者。台灣所見的燭台在材質上一般喜歡用錫打造，以

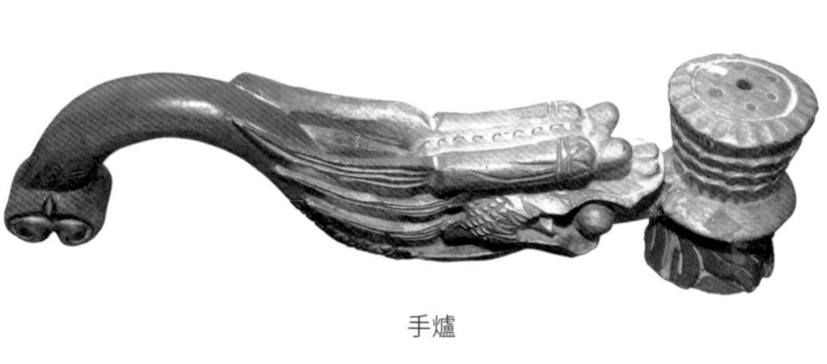

手爐

祈神祇、祖先賜福，早年也有以交趾陶或木雕方式製作燭台者。近代則多以青銅鑄造，錫器、陶瓷或木造燭台已較為少見。

燈台為點燈供神的台座，是傳統寺廟、廳堂中的重要祭祀用具，通常成對配置，安置於神案（上供桌）的兩端，與香爐、燭台成為祀具中的五大件。台灣傳統的燈台上端多作蓮花造型，然後在頂端安置一只圓形的朱紅色玻璃燈罩，形似一只大柑橘，因此俗稱為紅柑燈。紅柑燈的燈台多喜用錫打造，燈台的台身常作八角形塔樓造型，下端有台腳，台身飾以花卉、鳳、麒麟等吉祥紋飾。昔日的燈罩內置油缽以燃燈，在電力普及之後多已用燈泡取代。台灣民間廳堂或祠堂祭祀祖先的燈台，常見在燈罩上裝飾「鳳毛、麟趾」字樣，以祈求子孫能有優秀傑出之表現，以祈能光宗耀祖，在傳統社會中被視為是孝道最極致的表現，因此鳳毛、麟趾紅柑燈也成為倍受重視的祭祀用具。

奉具

奉具即供奉神明用的器具，常見有薦盒、神桌，以及供（禮）斗用的斗燈。薦盒即是置於神桌上專門放置酒杯供神的小台，又稱為奉案，多放置於神案（上供桌）中央的香爐前方，其上方平台放置酒杯或茶杯（通常為三只），作為獻爵、奉茶之用，台灣南部地區則用以盛放小糕點以祀神。

木雕薦盒

錫製薦盒與酒壺、爵杯

錫製燻爐（中），向外分別為燭台、花瓶與燈臺。

薦盒一般多用於宮廟、祠堂，家庭於祭祀神明、祖先或是置香案迎神時也使用。薦盒的材質主要有木雕與錫製兩大類，其形式則有單層和雙層之分，單層的薦盒其造型宛如縮小版的長條形神案；雙層薦盒的造型則類似有靠背的長條座椅，杯具即供奉於下層的台面上，主要盛行於台灣中部地區。台灣民間為了表達虔敬之意，薦盒在製作及裝飾上也較多變化，常以吉祥圖案為主，是祭祀用具中較為精緻者。

神桌是宮廟或民宅廳堂中用以祭祀的重要家具，一般分為頂下桌，頂桌稱神案或案桌，下桌為正方形，稱為供桌。神案的形制一般作長條形，高度及肩以上，專供安奉神像或是燈台、燭台、花瓶等祀具。在寺廟殿堂內，神案一般設置靠近神像的一端，其桌面兩端常做起翹的書卷形造型，又稱為「翹頭案」，桌腳則常見雕飾著獸頭啣著一隻爪子，爪下抓著一顆珠子的造型，稱為「螭虎吞腳」，為古代貪食異獸饕餮的遺意。桌面前方下沿與桌腳內側，也常見雕有螭虎或花鳥的構件。在家具風格方面，台灣的神桌通常沿襲清末閩南式的作法，除了裝飾偏於繁瑣之外，造型結構也較厚重且多曲線，風格

神案（後）與供桌

與傳統明式家具有所差別，以大溪、豐原、鹿港和台南府城最具代表性。

供桌為神桌中的下桌，其形制一般採正方形，桌面四邊等寬，高度與一般飯桌相似，民間又稱為八仙桌。供桌的功能主要在供放置祭品以及銅磬、木魚等法器用。供桌在工藝雕飾上則一般比神案較為簡單，但經常會在靠前端的一面繫上一方刺繡的桌帷，或是安上一片彩繪或木雕的桌堵。桌帷又稱為桌圍、桌裙，是繫在供桌前方的刺繡工藝品，一般以絳紅色或朱紅色的絨布或絲布為底，其上以金蔥、彩線刺繡著吉祥圖案，具有表現莊重、裝飾供桌的重要功能。台灣桌帷的刺繡題材一般會隨著使用的場合而有所不同，宮廟使用的桌帷常見正面蟠龍紋，有時會在四個角落加上官將或八仙形像，上端則多見繡有宮廟名號。民宅使用的桌帷常見財子壽三仙圖樣，有時在四角加上蝙蝠圖樣，上端則多見「金玉滿堂」字樣。在寺廟殿堂中，一進到室內祭祀空間首入眼簾的便是供桌，因此台灣的寺廟也特別重視供桌的設置。寺廟使用的供桌在尺寸上通常較一般民宅所用者較為巨大，其形制也多作長方形，在裝飾方面也特別重視，多在朝前的一面安上一片桌堵。寺廟供桌桌堵的裝飾藝術，早年多見彩繪手法，近代隨著經濟的寬裕，木雕桌堵有取代彩繪桌堵的現象。桌堵的裝飾紋樣最常見的為正面蟠龍紋，在正中央彩繪、雕刻一條龍頭居中朝前的四爪金龍，龍身盤繞於龍頭周圍，龍的前兩爪往上方兩側伸出，各執一個珠子與一方印章，後爪則伸往下方兩側，爪下多見有山嶽、海浪的紋樣，有時也會在四

木雕桌堵

刺繡桌帷

彩繪桌堵

個角落加上官將、八仙等，桌堵的上沿則彩繪、雕刻寺廟的名號，是寺廟中精緻的祀具工藝。[2]

斗燈即拜斗儀式中所供奉的聖具。「拜斗」乃是源諸古代的星辰信仰，道教傳統認為：祭祀北斗星君可消災解厄，祭祀南斗星君可延壽祈福，故能祈求一家人「元辰光彩」。斗燈使用於禮斗法會或醮典時，用以祭祀祈福，以祈三台星君、紫微大帝、日月星君、南北斗星君等，護佑信眾本命元辰光彩。（斗燈內容說明參見內文「法會」章節）

卜具

卜具即是信眾用以請示神意的重要器具，常用的有筊筶與籤筒（籤詩）兩種。

筊筶

筶的使用可追溯自古代以貝殼進行占卜的傳統，古代也稱為「杯筊」，或作「杯珓」、「珓杯」，現代台文也稱「筊桮」。關於「杯珓」兩字的

2 以上香爐、燈臺、燭台、薦盒、神案、供桌等文字，摘錄自：謝宗榮、李秀娥，2016，《圖解台灣民俗工藝》，台中：晨星出版公司。

寺廟供奉為信眾祈福的公斗燈

仿貝殼形式的小型銅筶

字源，宋代學者程大昌在《演繁露・卜教》中言：「**後世問卜於神有器名杯珓者，以兩蚌殼投空擲地，觀其俯仰，以斷休咎……或以竹，或以木，略 削使如蛤形，而中分為二，有仰有俯，故亦名杯珓。**」大意是說古代是用蚌殼投擲於地，再視俯仰狀況來斷吉凶。後來才逐漸改用竹子或木片，但仍做成蚌殼狀。因蚌殼可如杯子般盛水，是為「杯」；珓的發音和「教」的發音類似，表示借由杯珓的仰俯情況傳達神佛的之意給予指示，於是使用「珓」一字。台灣當代的道士仍保留古俗，以金屬製貝殼狀的兩只小筊杯，紅繩串之，並於桌上卜筶使用。

而當代所見之筶，其形式多作中央圓、兩端尖的新月形，以平坦的一面為陽面，浮凸的一面為陰面，其材質通常為竹頭或木材，若是竹頭所製，也稱為「竹頭杯」。筶（或「桮」，讀音 Poe、同杯）在台灣慣用「筊杯」，其形狀為兩片相對的新月形，尺寸大小不定，以雙手能取握為主，凸起的一面為陰，平面一邊為陽，材質為竹頭或木質。通常以「擲筊」（拔筶）的方式請神指示，落地時一陰一陽為「聖筶」，表示神明的同意；兩片皆陰為「伏筶」（讀為 Kap Poe、民間也有稱為「哭杯」者），表示神明不同意；而兩面皆陽則稱「笑筶」，表示神明不置可否。

筊筶（桮）

籤筒

台灣民間宮廟普遍可見籤筒、籤詩的設置，籤筒多置於供桌的旁邊，高度及腰，若置於供桌上的則較短，材質有竹、木或金屬，內置籤枝。籤枝與籤詩的數目一致，上面記載著籤詩的首別，以竹或木片製成，供信眾問神卜杯時求取。籤詩類型又分為「運籤」與「藥籤」，運籤求運道，內容可包括健康、事業、功名、婚姻等，普遍見於一般宮廟。藥籤則是為了醫治病症，多見於主祀醫藥神之宮廟，如神農大帝、保生大帝，內容多以漢藥藥方為主，晚近由於醫藥法的限制，已較少使用。

運籤是最普遍的籤詩，一般以四句為一首，信眾透過詩文來瞭解神明的旨意，其數目常見有三十六首、六十首（六十甲子籤）、一百首、一百二十首等，有吉有凶，有時會在這些數目之外再加上籤首、籤王、頭籤等。儘管籤詩的數目有所不同，但傳統上每一首籤詩多作一首七言詩或再配合一個歷史演義典故，來預示吉凶，而吉凶禍福經常不是詩句表面上所呈現者，必須要配合問題類型來加以解讀。昔日的運籤詩上多僅印製詩句，晚近則多在詩句後加上所求項目，如作事、病人、尋人、六甲、歲君、詞訟、年冬、移居、求財、疾病、失物、功名、婚姻、求雨等，各項之下又有簡單文字說明吉凶現象，而在籤名下，經常又列有該首籤詩的歷史典故。

籤筒

籤詩

除此之外，也有少數宮廟不用透過求取籤枝的方式來求籤，而直接以卜筶所呈現的筶象，即以三次卜筶所呈現的「陰、陽、聖」之組合做為籤詩之名。

出巡用具

廟會活動中最常見的即是迎神出行，因此神明的出巡用具就成為隊伍中最主要的配備，主要有神轎、儀仗、法船等三大類。

神轎

神轎民間通稱「輦轎」，因其規模，可分為二抬（二人扛）、四抬（四人扛、俗稱轎仔）、八抬（八人扛、俗稱為大轎或稱神轎）等三類。其中八抬轎體量最大，也較受民間重視，尤其是天后聖母（媽祖）所用的輦轎，因天后地位崇高而被稱為「鳳輦」。二抬神轎分為大、小兩種，較小輦轎又稱「手轎」，為所有輦轎中形制最小者，通常在輦轎上供奉小型神像，或是以神明符令張貼於輦轎正背面以代表神明，一般為事主請神問事之用，由乩童及其副手各執手轎左右兩邊的轎腿起乩降身，或直接以手轎右側扶手前端書寫出神明對事件的乩示。其次是出巡遶境所用的，需附加

四抬神轎

無頂八抬武轎

轎槓分別由前後二人扛抬。輦轎的形式因其規模的大小也有不同的造型，二抬與四抬神轎通常作太師椅造型而不附加轎頂，又稱為「武轎」。八抬輦轎則多作傳統宮廟屋頂式的轎頂，亦有「文轎」之稱，而其無頂者亦被視為「武轎」，多為王爺、城隍爺等武職神明所乘坐。八抬輦轎多以木雕、彩繪等手法加以裝飾，轎身之外也常加上一些錦飾，顯出華麗的氣派，以表示對神明的崇敬。

儀仗

儀仗本為古代皇妃、皇太子外出巡行時所用的儀衛兵仗（皇太后、皇后稱「儀駕」，妃嬪稱「采仗」），民間則沿襲其體制用來莊嚴神明出巡時的陣容。依民間慣例，只有王爺級神格以上的神明才能使用，常見的為媽祖與王爺的儀仗，媽祖為七十二付、王爺為三十六付。儀仗的內容有：頭旗、涼傘、執事牌（長腳牌）、日月、開山斧及各種武器、搖扇等。一般為木質刻製，形制有大有小，大付作為出巡時用，小付置於神龕上。

頭旗是神明出巡遶境之時，位於隊伍最前方，具有昭示神祇聖號或寺廟名稱功能的旗幟。宮廟頭旗的形制，一般為長條形，其面繡以神祇或宮廟的名稱，可區分為直式、橫式兩種。直式的頭旗多見於台灣中、北部地區，傳統上用帶輪子的金屬製旗架推動，近代則多安置於小貨車上，由於

手轎

直式頭旗

形狀像帆船的風帆，又稱「風帆旗」。橫式的頭旗多見於南部地區，上端穿上竹竿，前後兩人扛抬，旗面上字的方向，傳統為向前方轉九十度，在兩個神明隊伍交會時則將頭旗向上舉起，讓對方知道自己的名號。由於頭旗主要在昭示神明、寺廟之名稱，故民間都十分注重，以精緻刺繡手法製作，是重要的信仰文物。此外，除了宮廟，台灣民間的陣頭也都有頭旗的設置，如曲館、武館，以及其他廟會陣頭等。各館閣所用的頭旗在尺寸上一般較小，在形制上較為多樣，有三角形、方形、直式長方形等三種，其材質一般與寺廟類似，多為錦面刺繡，但近代台北地區也有使用錫、白鐵打製者。

涼傘古名稱為「華蓋」，原為帝王、妃后等出巡時的車蓋或傘蓋，通常以華麗的刺繡加以裝飾，以彰顯帝王之尊貴。華蓋相傳為黃帝所作，《古今注》中說：「華蓋，黃帝所作也。與蚩尤戰于涿鹿之野，常有五色雲氣，金枝玉葉，止於帝上，有花葩之象，故因而作華蓋也。」至兩漢之交，亦傳王莽作華蓋九重之說，表示華蓋為古代帝王彰顯其尊貴地位之物。由於道教及民間對神明的崇祀，一般多模擬古代帝制的排場，華蓋即被運用於神駕儀仗之列，台灣民間習稱為涼傘。除了運用於神駕儀仗之外，也以較小的形制見於拜斗儀式的斗燈之上，又運用於民間藝陣中的跳鼓陣，功能雖有諸多轉化，但原始意義仍沒有太大差異。

涼傘走在神轎前方

橫式頭旗

法船

船是人類社會古老的水上交通工具，船因為具有駛離轄境、從此岸渡到彼岸的功能，因此在傳統漢人宗教信仰中，就利用它來作為神靈承載的重要交通工具，而將船從實用功能的器物轉化為巫（法）術性的重要法具，稱為神船或法船。神船或法船在傳統宗教儀式中運用相當廣泛，主要有供王爺乘坐之用的神船與供引渡靈魂之用的法船兩大類。前者又稱為王船，是台灣西南沿海地區舉行王醮醮典或送王祭典時常見的法器，主要的功能在於送走瘟神王爺，但由於王爺具有驅瘟逐疫的職司，所以王船也被視為逐疫的重要法器，又稱為「瘟船」。除了王爺之外，也有少數神祇以船作為交通工具的，如鹿耳門天后宮供奉一艘媽祖船，台南地區平埔族西拉雅人，以船送阿立祖反為祖靈所居之地，名為阿立祖船。除了一般的王船之外，法船的功能主要在超度祖先神靈、無主孤魂等往西方極樂世界，一般見於超度性的儀式中，如普度法會、水陸法會等。

這種基於法術需要的「法船」，一般而言，其材質可分為茅草結的茅船、紙紮（糊）的紙船、木造的木船或紙木合造等，視當地自然、人文環境而定。大體而言，凡濱水（江河、海洋）地區法船的形式較接近真船。而無江河、海洋者，通常只是象徵性的將船放流於湖泊或水池，船的形式也較簡略、縮小許多。台灣西南沿海盛行的迎王祭典中，王船的建造往往

紙法船

是最受矚目的項目之一。迎王祭典中所使用的王船主要有木造、紙糊兩大類。其中木造王船多仿照古代三桅海船建造，尺寸從三、四尺長到三、四十尺不等，又在船身施以精美的彩繪或紙糊裝飾，可說是台灣民間精緻的宗教藝術，以屏東東港與台南西港的木造王船最為壯觀。紙糊王船以竹、木為骨架，船身糊以色紙並加以裝飾，是一項重要的紙糊工藝，但尺寸較小。而超度用的法船有的類似紙糊王船，有的以紙板接合而成，或者純粹以紙錢摺疊接合。不管法船使用何種材料製作，在儀式結束之後都要將它火化，王船之火化民間稱為「遊天河」。過去民間也有根據舊俗將木造王船流放水面，稱為「遊地河」，但這種作法目前已幾乎絕跡。

供品

漢人社會是宗教多元性的社會，不論是源自古代自然崇拜與祖先崇拜的民間信仰，亦或是東漢時期傳入中國的佛教與同一時期創立的道教，其內容除了教義、經典、組織與崇拜對象（神祇）之外，更需具有宗教禮儀，以提供為信徒服務的重要功能。宗教禮儀是以祭祀神祇為核心所衍生出的一套儀軌、範式，而在各式禮儀中，也多需藉由祭品來傳達達到祭祀的目的並呈現祭祀之精神。在眾多的祭品中，最先被運用的即是各式供品與金銀紙錢。

東港平安祭典王船

超度祖先的法船

民間信仰所見的供品其品類十分多元，主要有香、燈、茶、酒、果、飯（包括五穀米麵製品、菜餚等）、花、牲禮等。牲禮又有生、熟與全、局部之分，以祭祀階層高低不同之對象。除了經常性的供品之外，又有因應不同節令所發展出的供品，主要有各式糕點、菜餚等，甚至具有「觀看性」的看桌、看牲等，品類豐富，食材多元。

民間信仰祭祀中所見的祭品，不論是供品或是金銀紙錢，由於民俗化的結果，常會因為地域性的喜好、習慣之差異，而發展出不同的名稱與外在形式。而在道、佛二教的祭祀禮儀中，祭品的類型則因科儀書的約制而顯得較為單純而制度化。諸如台灣道法二門正一道派七獻先後為香、燈、茶、酒、果、米（飯），十獻供則為香、燈、茶、酒、花、果、飯、水、寶、經、財帛。台灣靈寶道派之九陳七獻為香、花、燈、菓、茶、酒、饈、水、寶。[3]而漢傳佛教的五供養為香、花、燈、茶、果，十供養為香、花、燈、茶、果、茶、食、寶、珠、衣。

不論是民間信仰亦或是道、佛教，其首要的供品莫不以香為重，在祭祀禮儀中，供香也是不可或缺的一環。在台灣民間的上香禮儀中，上香最普遍的數目有一至三柱，一或三柱香對神、祖先，二柱香對鬼魂，其中三柱香最常見，可象徵傳統的天、地、人三才，也可象徵佛教的佛、法、僧

獻財帛

3 另一版本：香、花、燈、茶、菓、酒、粿、水、寶。

三寶，或是道教的道、經、師三寶。上香也普遍被運用於各種祭祀禮儀中，並發展出線香、盤香、瓣香（肅柴）、末香、香珠等不同型式的香材。

中國漢人社會的上香禮儀可追溯自古代的「燔柴」祭祀，如《禮記．祭法》說：「**燔柴於泰壇，祭天也。**」而在《周禮．春官．大宗伯》中將祭祀天地神祇的「吉禮」分為十二種，其中起源於燔柴的方式主要有三，為首的即「以煙祀昊天上帝。」其次為「以實柴祀日月星辰」，以及「以槱燎祀司中、司命、風師、雨師」。[4]煙祀即是透過升騰的煙氣通達天庭，以使上帝歆享的祭祀形式，最受古代帝王所重視。除了單純的以燔柴生煙之法以祭祀之外，另外經常也會將牲、玉、帛等置於柴上一起生煙，稱為「實柴」，加玉的燎燒又稱「燎」，先秦時期最主要的祭祀之法即以「燔燎」為首禮。

漢代佛教傳入中國以及道教成立之後，二教也都十分重視以香供養神祇、降神之儀。佛教認為香有四個方面含義：一是表示虔誠恭敬供養三寶，以此示範接引眾生；二是表示傳遞信息於虛空法界，感通十方三寶加持；三是表示燃燒自身，普香十方，提醒佛門弟子無私奉獻；四是表示點燃了佛教徒的戒定真香，含有默誓「勤修戒、定、慧，熄滅貪、嗔、痴」。

4 「以禋祀祀昊天上帝，以實柴祀日月星辰，以槱燎祀司中、司命、風師、雨師。以血祭祭社稷、五祀、五岳，以貍沈祭山林川澤，以副辜祭四方百物。以肆獻祼享先王，以饋食享先王，以祠春享先王，以禴夏享先王，以嘗秋享先王，以烝冬享先王。」

上香

佛教燒香以三支為宜，此表示戒、定、慧三無漏學，也表示供養佛、法、僧常住三寶。

而在道教中，以三柱香代表道教三寶即道寶代玉清、經寶代上清、師寶代太清。同時，也代表天、地、人，正可謂敬三清，敬天、地、聖賢人。其意義主要有四：一是供養諸神。二是以香傳信，求神賜福，意即香是人與神之間的通訊物，我們通過燒香，香煙裊裊能把我們的祈願信息傳達給神明，從而祈求神明保佑。三是心假香傳，寸誠感神，四是修持「三香」，盪除「三業」。

除此之外，道、佛二教也普遍在道場科儀中運用上香之儀，如大乘佛教科儀中在舉佛號之後即有「香贊」之唱頌，行香的方式有燒香、燃香、花香、塗香等，甚至包括「心香一瓣」；而「贊」，有稱讚、讚頌的意思。因此，在佛門課誦中，為了表達贊誦佛菩薩及佛陀教法之殊勝等，傳統儀式中會用先用「香贊」來表達敬意，一般較常唱頌的贊文為「爐香贊」、「戒定真香」、「寶鼎熱名香」等。[5]而道教更在一般的供養之外，更發展出藉由燃香以「出官」通神降福之「發爐」儀式。

在香之下，一般以「燈」（燭）為主要供品，道、佛二教皆有燃燈之儀，佛教主要以燃燈作為供養之義，而道教除了供養之外，在祭祀禮儀中

5 〈爐香贊〉：「爐香乍爇，法界蒙熏，諸佛海會悉遙聞，隨處結祥雲。誠意方殷，諸佛現全身，南無香雲蓋菩薩摩訶薩。」

燈燭更具與原始的日月星辰信仰結合，而有祈求光明之義，甚至藉以度幽（放水燈、拔度）。如各類「燈儀」中，透過燈火的光明力量，來為醮主人等祈求元辰煥彩，而呈現於具體可見的儀式與器物，最明顯者莫過於「禮斗」，在壇廟中供奉斗燈以象徵信眾之元辰。

而「燈」在台灣漢人社會更是具有多重意義，在台灣以閩南族群為主的民俗觀念中，燈除了具有照明、指引的實際功能之外，燈光帶給人「光明」，而人的「元辰」（元神）正是需要藉由這種光明才能光彩、煥彩。因此每到舊曆新年之後、上元之前，多會到寺廟裡安奉太歲並認點一盞光明燈，以祈求闔家大小元辰光彩。又因光明諧音「功名」，因此學子在寺廟點燈也藉以祈求金榜題名。其次，閩南語的燈與「丁」同音，有人丁興旺的寓意。因此，許多寺廟在上元節會準備許多俗稱為「鼓仔燈」的小燈籠讓已婚婦女乞求，或是在廟埕結一座「燈門」，讓婦女「鑽燈腳，生卵葩」，是一種古老的祈求生男民俗之遺留。[6]

茶為漢人生活用品之一，可使人滌心消慮，寧靜致遠[7]。茶之起源史上普遍認為是上古的神農氏，如《淮南子》載：「**神農首嘗百草之味，以制醫藥，一日而遇十毒，得茶以解毒。**」，而陸羽《茶經》也說：「**茶之為飲，**

6 謝宗榮，《台灣的民俗信仰與文化資產》，頁227-228。台北：博揚文化公司，2015年。

7 徐福全，《台灣民間祭祀禮儀》，頁59。

獻燈

獻茶

發乎神農氏。」亦即最早的茶為藥用，唐代以後，由於佛寺僧侶以茶做為提神飲料，喝茶的習慣遂逐漸普及於民間，成為主要的日常解渴飲料。茶雖為日常飲品，但也受到道教與民間信仰之重視，並成為祭祀時必備之供品，民間寺廟每日必在神前奉三杯茶，而道教「三茶五酒」之禮與獻供儀式中，茶之地位亦高於酒。

酒作為供品乃是人類各原始社會共通的現象，也是儒家、道教與民間信仰的主要供品，而佛教由於「五戒」中有「不飲酒」之戒，故將酒排除於供品之列，這也成為道、佛二教在舉行重要祭祀禮儀時最大的差異之一。

酒的起源在中國可溯自上古的神農、黃帝，至殷周時代，酒已成為民間普遍之佳珍，自帝王以至庶人，莫不以酒為歡宴、節慶之所需。由於神靈等級之差異，所用的酒也不同，祭神尚薄酒，以醴、醪為主，而奠鬼則用濃酒，主要為鬯，「灌鬯」之儀，起源於鬯酒之香氣濃郁，用以灌祭降神，其香氣可以透過灌地而達餘地下，故中國古代用以祭祀黃泉之下的祖先，盛行於宗廟降神禮中，[8]迄今仍可見於台灣之孔廟釋奠典禮與漢人傳統喪禮的家奠禮中。[9]

8 詹鄞鑫，1992，《神靈與祭祀——中國傳統與宗教綜論》，頁 298。南京：江蘇古籍出版社。

9 即奠禮中的「灌茅」（灌茅沙）。

以爵盛酒為獻禮中主要的獻供行為

酒做為供品之歷史雖晚於牲禮，卻受到儒家、道教與民間信仰所重視。儒家祭禮、釋奠禮中的「三獻禮」即以分三次獻酒（爵）為主要標誌，道經常說「三盃（杯）通大道」，酒為敬神的重要供品，尤其是針對位階較低的神祇進行獻供時更不可或缺之物，如功曹使者、各類煞神等。而在民間信仰祭祀禮儀中，如有獻牲禮時必佐以酒，並有三巡之禮。

花、果之所以作為供品，主要乃分別取其色美、味甘，尤其是佛教更重視其供養之意。唯，台灣民間對於以花供神則有少數禁忌，如不以黃、白色菊花供神，認為黃、白菊花乃是喪葬之用，用以供神不敬。在水果供奉方面，佛教多用五果，即五樣水果，而道教用四果，即四時水果。民間信仰對於水果之供奉亦有禁忌，如番石榴、蕃茄等水果，其籽經食用排出後仍可生長，故有不潔之意；道教徒不供奉李子，因太上老君（道德天尊）俗姓李；佛教徒不供奉釋迦果，因其外觀與釋迦牟尼佛頭髮結髻類似。此外，喪葬業、消防人員、醫院急診等不祭拜鳳梨，忌其閩南語諧音「旺」；中元普度忌將香蕉、李子、梨子一起祭拜孤魂，取其閩南語諧音「招你來」之不吉；喪禮祭祀不用果實成串之水果，如龍眼、葡萄等，有忌諱重喪發生之不祥意義。在道教祭祀禮儀用果方面，則重視其顏色所象徵的五行生剋象徵，多見於出煞類型的儀式中，如出火煞儀式忌用紅、青色水果（木生火），壓水災儀式忌用黑色、白色水果（金生水）。

獻果

獻花

再者為穀物及其製品，主要為「五穀」[10]，在中國古代名為「粢盛」。古代道教以米為主要獻神之物，炊熟成為飯而成為供品之一，而在經過加工之後成為「齋饈」、「品食」用以獻供。而民間則以米、麥製成成各式粿（粄）品、麵食、糕品等，廣泛運用於祭祀禮儀中，在民間儒教祭祀禮儀中則多稱為「庶饈」。

牲禮為在漢文化中最早作為祭祀供品的肉品，在中國先秦時期牲禮之祭祀已有制度化的發展，其類型有「太（大）牢」、「少牢」、「特牲」、「灶（少）牢」等區分，太（大）牢為一牛，用羊稱「灶（少）牢」，只用豬一種的稱為「特牲」，太牢是天子國君之禮，少牢是大夫之禮，特牲為士之禮。[11]所謂「牢」，即畜養牲畜之所，主要是藉由祭禮中的牲畜種類差異來區別祭祀的等級。民間信仰之祭祀首重酒與牲禮，除此之外，在民間傳統中又有全與不全（局部），生與熟之分，生而全者為較高之禮，多見於祭祀三界中，如前述太、少牢與特牲皆為生而全之禮，熟而全多用以祭祀神明、祖先，生而不全多用以祭祀煞靈，熟而不全者則多見於祭祀鬼魂。

10 泛指各種主要的穀物。但五穀說法不一，比較普通的說法以稻、黍、稷、麥、菽為五穀，參見《辭海》，台北：臺灣中華書局，1980年。

11 徐福全，《台灣民間祭祀禮儀》，頁45。

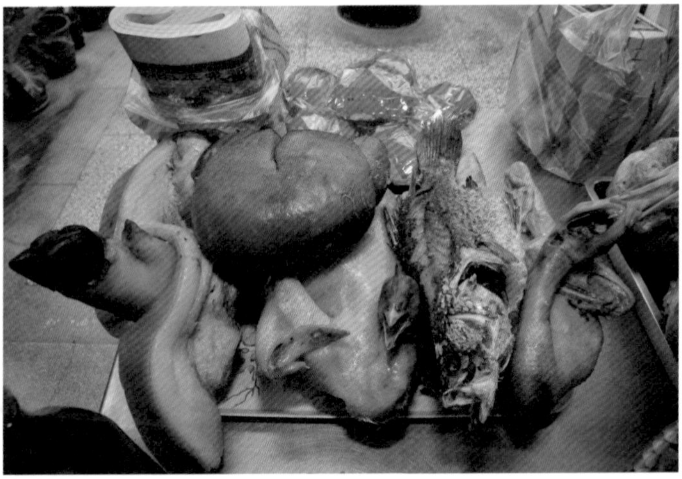

牲禮為民間祭祀神祇最重視的供品

紙錢

金銀紙錢是台灣民間信仰習俗中非常重要的供品，具有通行買路及支付基本生活費用等功能。主要可區分為四大類型：1.金紙類：天金、壽金、刈金、福金、其他金紙（九金、四方金、蓮花金、財神金等）。2.銀紙類：大銀、小銀、其他銀紙（九銀、庫銀、蓮花銀等）。3.紙錢類：高錢、金白錢、花仔錢、甲馬、雲馬、經衣（巾衣、更衣）、往生紙、壽（受）生紙、法事用紙錢（陰陽本命錢、解連經、天狗錢、白虎錢、五鬼錢、過關錢、流蝦錢、補運錢等）。4.紙錢製品：蓮花、元寶、其他（法船、鳳梨、仙鶴、花籃等）。

財帛（金銀紙錢）之起源亦與古代的「焚燎」禮儀與「皮帛」制度有關。皮帛即獸皮與絲帛之合稱，原為古人蔽體禦寒之物，絲帛普及之後也逐漸取代獸皮而成為財富之象徵，並被運用於祭祀禮儀中，且形成一定的制度，民間多稱為「財帛」或略稱為「財」。帛古代又叫「幣」，與玉合稱為「玉帛」，在祭祀禮儀中將絲帛捲起以做為供品，稱為「匹」，將五匹紮成一捆稱為「束」，祭祀時用一束，故又稱為「束帛」，[12]迄今仍可見於孔廟與宗祠家廟之祭典中。在唐代以降紙張普及之後，民間祭祀禮儀

12 詹鄞鑫，1992，《神靈與祭祀——中國傳統與宗教綜論》，頁256。南京：江蘇古籍出版社。

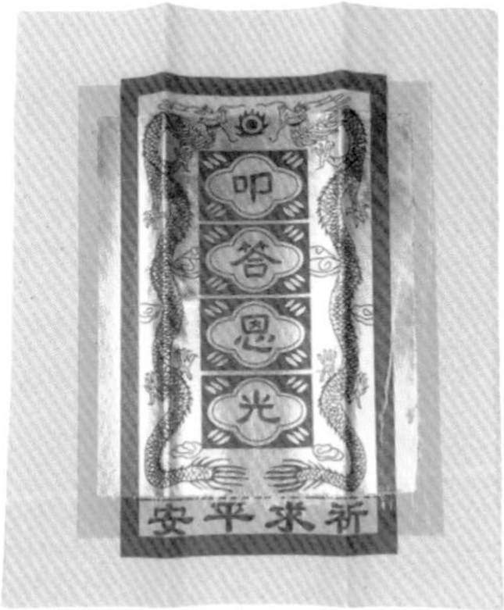

頂級金俗稱天公金

大箔壽金

中的財帛，遂逐漸為紙張所取代，仿紙幣之制而成為金銀紙錢。

有關金銀紙的起源，一般的說法有四：一為南齊廢帝好鬼神，剪紙為錢以代束帛；二為唐朝時裁紙為錢，以供養鬼神；三為漢代蔡倫為促銷其紙張，詐死由其妻焚紙錢後復活；四為唐太宗遊地府，藉由焚燒紙帛儲存陰府庫銀後還陽。[13]徐福全教授認為前二者因無更多類似的證據，故其說稍嫌薄弱，而後二者的傳奇成分頗濃，是以只能視為傳聞。[14]

紙錢的使用乃是仿自古代的貨幣，而貨幣的起源如新石器時代的以石子、獸骨製成的貝殼，春秋時代的「布、刀、金版」等金屬貨幣，後來在墓葬中又出現了鉛、銅質的「布」幣仿品，甚至有以黏土製作的「仿金版」。[15]徐福全認為仿金版在其上均塗有一層象徵黃金的黃色物，這個方式與現今在錫紙上再塗一層紅色（象徵黃金）的處理相似，由考古的資料來看，這些錢幣仿製品很明顯地應具有宗教上的作用，[16]並舉唐代《冥報記》所描述的隋末紙錢獻祭之故事來加以佐證，指出紙錢為傳統用黏土仿製金錢來獻祭的延伸，其觀念早在紙張發明之前就有了，用紙來代替其他材質（如黏土或錫），只不過是材質上的變化。紙張是易燃的特色，在焚

13 參見：徐福全，《台灣民間祭祀禮儀》，頁 19-20。

14 徐福全，《台灣民間祭祀禮儀》，頁 20。

15 徐福全，《台灣民間祭祀禮儀》，頁 20-21。

16 徐福全，《台灣民間祭祀禮儀》，頁 21。

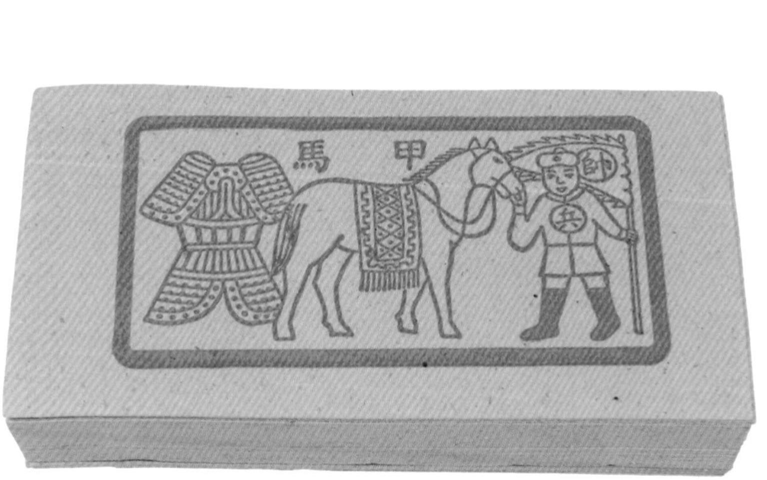

甲馬

化的過程中更容易滿足人們從現實世界轉化到另一個世界的心理。[17]其觀點主要為二：一為「仿幣」有其宗教上的功能與真實貨幣不同，紙錢即起源於「仿幣」；二為紙錢可藉由燃燒的過程而順利「轉化」送達另一界，正如古代的「燔燎」之祭中，將牲禮、皮帛至於柴堆上而焚化，使其煙氣上升之意。

17　徐福全，《台灣民間祭祀禮儀》，頁24。

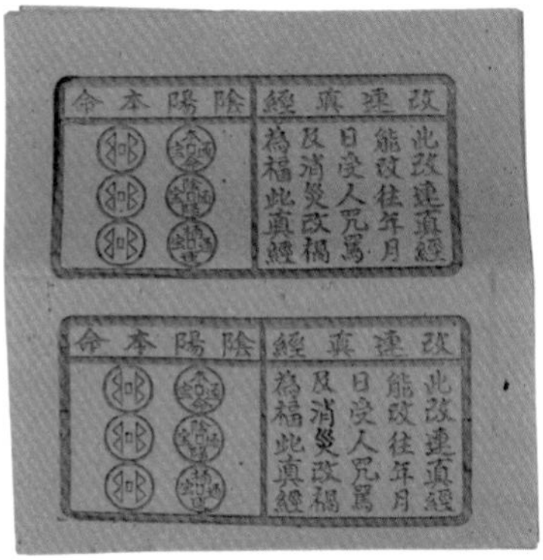

解連經

壽金

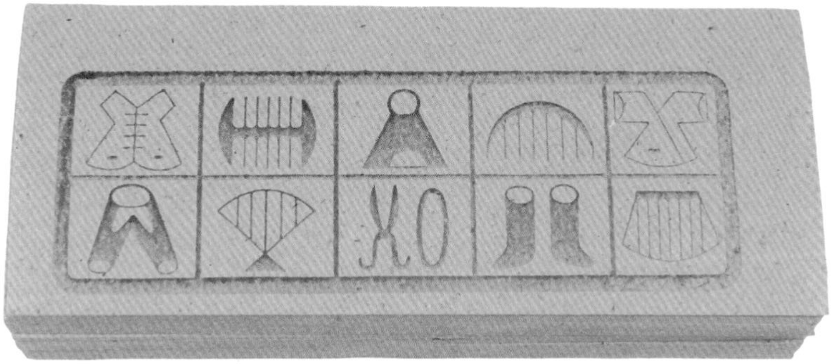
經衣

跟著神明去巡遊

台灣民間的神祇信仰興盛，以祭祀神祇為主的活動也十分蓬勃，除了以儀式為主的大型祭典如醮典、法會，以及習俗性的活動如點燈、制解之外，最普遍的大型信仰活動即是迎神賽會。迎神即奉迎神祇外出的行為，依照舉行的目的來看有進香、遶境、暗訪、安營等，常見於每年神祇的聖誕期間舉行，也成為年例性活動，也有不定期舉行的出巡、暗訪等，通常都是在奉神意指示之後舉行。這類迎神活動在舉行時通常會伴隨著許多演藝、陣頭，也是一般人最為熟悉的廟會活動。

台灣常見的廟會活動，根據其舉行的目的雖有進香、遶境、暗訪、安營等之分，但經常會有複合舉行的情形，也就是在廟會活動中合併進舉行功能不同的活動，常見的情形有進香之後合併舉行遶境，如昔日的大甲媽祖、白沙屯媽祖往北港進香，回鑾之後分別在大甲地區、白沙屯地區進行遶境，其目的主要是在汲取大廟（祖廟）香火靈力之後，透過遶境賜福予境內各角頭。其次有遶境前先進行暗訪，其目的事先對境內進行「肅清」，然後再由神祇進行巡遶賜福，盛行於主祀冥界司法神（城隍爺、東嶽大帝、大眾爺等）的寺廟。此外，台南、澎湖一帶則盛行在遶境時合併進行安營，一方面透過遶境以掃蕩、賜福，另一方面加強、補充駐守境內的營頭神兵以護衛轄境。

神明遶境具有祈求合境平安的功能（新竹都城隍廟中元遶境）

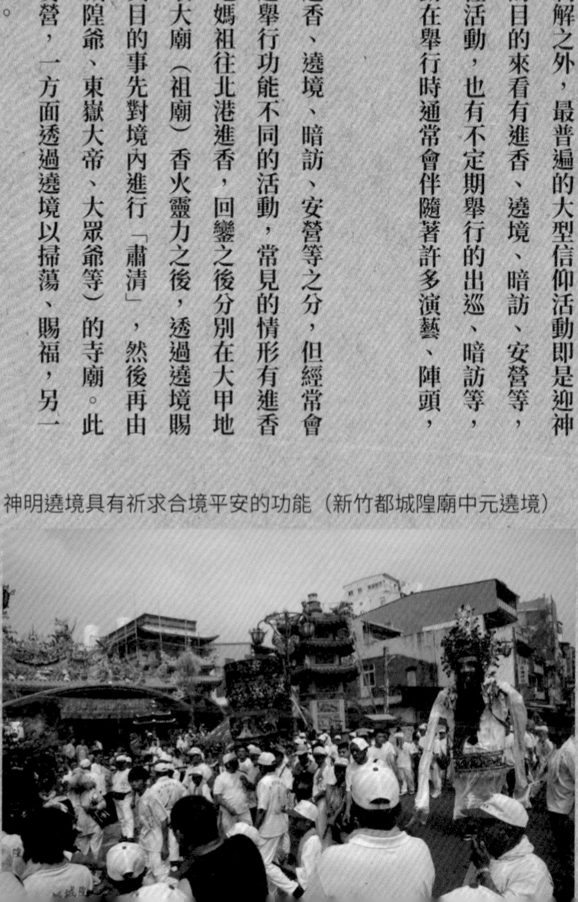

進香

進香是台灣傳統宗教信仰中最常見的活動，其目的除了赴祖廟或大廟增強靈力之外，也是移民社會中藉由神祇的進香行為所進行的宗教尋根活動。「進香」一詞的原意只是到寺廟拈香禮拜神佛，但在台灣漢人社會中，則包括了個人對神明的「刈香」，與神明對神明的「掬火」兩層意涵，都具有「乞求香火」的意義。而現代民間通稱的進香，則成為一種個人跟隨神明出境，與其他寺廟神明「交陪」（交往）活動的總稱，為一種「廣義」的稱呼，其中又可分為：狹義的進香、刈香、掬火（刈火、割火）、參香等不同意義的活動行為。

台灣漢人社會進香活動的蓬勃，與早期移民文化有緊密的關連。移民之初，先民們必須克服旅途的艱難，回到祖籍地寺廟進香謁祖。在台灣安居落戶之後，也隨著島內的遷徙行為，各地寺廟對其在台的「開基祖廟」，進行同樣形式的進香，因為主神的不同而有各種「香期」，這種進香活動尤其以每年陰曆三月各地的媽祖進香最為盛大，正如俗諺所說的「三月狷（ㄒㄧㄠ）媽祖」，最著名者除了大甲媽祖往新港進香、白沙屯媽祖往北港進香之外，彰化南瑤宮、台北松山慈佑宮往北港進香等，在昔日由於參與者眾，也成為著名的進香活動。

其次，如台南南鯤鯓代天府五府千歲、雲林褒忠馬鳴山鎮安宮的五年王，兩廟分靈眾多也成為台灣重要的進香聖地。南鯤鯓代天府每年在陰曆四月下

大甲媽祖進香隊伍通過西螺大橋

白沙屯媽進香信眾鑽轎腳

旬、六月中旬、九月中旬等從各地來進香的宮廟絡繹不絕，形成一年三大王爺香期，馬鳴山鎮安宮在每年陰曆十一月底也形成了香期，相對於四年一度作醮的「大科年」（五年到），期間每年的進香高峰期是為「小科年」。而主祀玄天上帝的南投松柏坑受天宮與下營北極殿等，每年在陰曆二月下旬形成玄天上帝香期，主祀中壇元帥的新營太子宮、麻豆太子宮等，每年在陰曆九月上旬形成中壇元帥香期。主祀觀音佛祖的台南赤山龍湖巖、火山碧雲寺等，每年在陰曆二月中旬形成觀音媽香期。除此之外，較為著名的尚有陰曆二月上旬的土地公香期、三月中旬的大道公香期、四月下旬的五穀先帝香期、六月中下旬的關聖帝君香期等。

進香是信眾跟隨神明到祖廟或大廟乞求香火的活動，藉以獲得更多的靈力。因此，大多數的進香活動，在行列隊伍方面相較於遶境則大都顯得較為單純，主要以神明鑾駕和護衛香火的各式隊伍為主，如儀仗隊、繡旗隊、前鋒隊、報馬仔等。單一寺廟的進香活動，之所以能引起矚目，主要的原因來自於眾多被稱為「香燈腳」的隨香信眾，這些隨著主神進香的虔誠信眾，也成為台灣廟會活動中最令人感動的人的風景。

進香（狹義）

狹義的進香原指在主神聖誕之前，分靈廟回到祖廟（元廟）向主神祝壽，藉以重新增加靈力的活動過程，對信眾而言則是一種「朝聖」的行為。「香火」是傳統

白沙屯媽祖往北港進香信眾隨香

神靈信仰較中心的重要觀念，也是薪傳的表徵。對神明而言，進香的主要目的是掬火，對信眾而言，進香則是為了「刈香」（割香），藉著對祖廟的分香行為，而獲得神明更大的庇佑。昔時台灣許多分靈自閩、粵地區的寺廟多盡可能回到的祖廟進香，日治時期以後由於政治阻隔因素，也有轉向靈力較高寺廟的神明乞求香火的行為，但晚近由於兩岸交通的便利，前往唐山祖廟進香的台灣寺廟也有愈來愈多的趨勢。

刈香

刈香（割香）通常指信眾隨著地方神明，對祖廟的神明乞求香火來祭拜，以獲得神明靈力與庇佑的行為，又稱為「隨香」。隨香者有團體與個人，隨香的個人稱為「香燈腳」。早期的刈香由於交通不發達，對信眾而言是一種艱苦且神聖的「朝聖」活動，但也是信眾表達對神明最高崇敬的行為。刈香行為的完成並無固定的模式，通常以「換香」與「香旗過爐」為代表。此外，少數寺廟的香期由於參加的團體眾多而必須區分優先秩序，因此有所謂頭香、貳香、參香之分，所爭取的即「接香」或「插香」的優先權力，在早期甚至演變成公開的「搶香」行為，原因是民間相信，當神明進香返回之後，優先接香者能獲得較大靈力之故。

南鯤鯓代天府每逢香期湧入大量進香信眾

松柏坑受天宮在玄天上帝聖誕期進香隊伍眾多

媽祖進香觀察：台灣三大媽祖盛會

陰曆三月廿三日是媽祖生，每年一到三月，全台各地的媽祖廟也興起一股進香、遶境的風潮，從台灣頭到台灣尾熱鬧非常，其中最著名的為苗栗通霄白沙屯媽祖往北港朝天宮進香、台中大甲鎮瀾宮媽祖往新港遶境進香、北港朝天宮媽祖遶境，這三大媽祖信仰活動也成為國家登錄的重要民俗文化資產。

西螺福興宮太平媽遶境會香停駕彰化二林仁和宮

白沙屯媽進香近十年來雖然參與者增加不少，但核心的進香儀式還是保持傳統，主要就是在北港朝天宮進行「刈火」，而最主要的特色是全程沒有固定路線，全由鑾轎上的媽祖神意指示，所以偶而有涉過濁水溪或走上快速道路之情形。

大甲媽祖進香鑾駕

大甲媽祖早期往北港進香，民國七十七年之後改到新港進行會香祝壽，取消以前的「刈火」儀式，改稱「遶境進香」。目前的大甲媽遶境進香為目前全台參與人數最多的信仰活動，路線固定，隨香客眾多，徒步行腳、將隨香旗在媽祖駐駕的媽祖廟過香火，以及沿途都有信眾奉獻的福食可享用，是最主要的特色。

北港迓媽祖祖媽鑾轎出發

北港迓媽祖每年固定在陰曆三月十九、二十兩天舉行，除北港街之外，分別遶境街南與街北兩大區域，沿途信眾置香案並燃放大量鞭炮接駕，點鞭炮的方式是手握數個排炮，將引線劃過燒紅的犁頭鐵上點燃拋向神將與神轎下方，稱為「犁炮」，與鹽水蜂炮、台東炸寒單並稱為台灣三大炮。其次就是由真人所扮演的藝閣遊行，在裝飾華麗的藝閣車上由信眾扮演各種神仙故事，車上小朋友沿路向圍觀民眾拋灑糖果，十分有趣。

掬火

「香火」即是一種薪傳的象徵，尤其對寺廟的神明而言，「火」的意義尤其重大。因此各地的寺廟每年都必須向其祖廟「請火」，以象徵其不斷分得祖神靈力的印證，這種神明向其祖靈請火的行為，稱為「掬火」或「刈火」。掬火必須經過一定的「交香」過程，通常以象徵兩位神明的香爐前後並置，透過爐中檀香的燃燒升起後的交會而完成，然後將香爐至入香擔中並貼上封條，其儀式具有相當濃厚的神聖性，一般信眾是不能任意接近的。

參香

台灣民間宗教信仰在日益蓬勃之後，許多寺廟為了擴大其信仰圈範圍，除了主動參與民間與政府舉辦的活動之外，更加強與友廟之間的聯繫。為了增進「交陪廟」彼此之間的情分，因此有神明相互交流的行為，稱為「參香」。彼此參香的通常是地位平等的寺廟，有時是彼此之間沒有主從關係的同一神明，有時是神格相等的神明之間的往來行為。

西螺福興宮太平媽遶境會香停駕彰化二林仁和宮

進香掬火後奉香擔返廟

遶境、出巡

遶境又稱遶境，是指神明外出巡遶「轄境」的行為，又稱為「遊境」或「巡庄」、「運庄」、「云庄」等，是民間所稱的迎神賽會。遶境活動常見在「神明生」（聖誕日、成道日）期間舉行，有時是進香返回轄境之後舉行，稱為「進香回鑾遶境」，或是在建廟紀念日（入火安座紀建念日）舉行。遶境的目的主要是透過神明對其轄境進行較為詳細的巡視，除了具有宣揚神威與驅除境內邪祟等功能之外，也接受沿途信眾的膜拜，藉著置香案換香的行為將神明的靈力分予信眾，或是沿途發送平安符與平安餅等，為信眾賜福。遶境活動的規模大小與時間長短各地不同，主要視神明管轄範圍以及聚落人力、物力等情況而定。

台灣各地的神明遶境經常成為地方上的主要信仰活動，也是民間對於廟會活動的主要印象。而台灣一些盛大的神明遶境活動，由於有許多藝陣參與遶境隊伍展現技藝，呈現出台灣民間最典型的熱鬧氣氛，宛如一場聚落中的嘉年華會，因此也成為民眾重要的休憩活動。

台灣廟會遶境活動的熱鬧氣氛，主要由隊伍中的各式陣頭來呈現，愈是大型的遶境活動參與的陣頭就愈多，但不論參與的陣頭多寡，遶境的隊伍從結構來看，主要可區分為前鋒陣、熱鬧陣、主神陣等三大部分。

大溪關聖帝君遶境活動中的舞龍

台北霞海城隍遶境廟前人潮眾多，素有「五月十三人看人」之說。

台灣廟會遊行隊伍名稱表

前鋒陣

報馬仔：沿途打鑼預告遊行隊伍即將抵達。

報馬仔

掃路旗：帶尾竹竿上安黑令旗，沿途掃蕩。

路關：昭示遊行路線與駐駕點。

頭燈：昭示宮廟名稱與主神名諱。

頭旗：昭示宮廟名稱與主神名諱。

開路鑼鼓：以鑼鼓為隊伍開道。

台北霞海城隍遶境開路鼓為台北地區常見的鼓亭

熱鬧陣

蜈蚣鼓：由數顆前後相連大鼓所組成的鼓隊。

什音：多種樂器所組成的音樂性陣頭。

八音：多種樂器所組成的音樂性陣頭，盛行於客家地區。

南音：以南音系統樂器所組成的音樂陣頭，如南管、天子門生、文武郎君。

北管：以鑼鼓、嗩吶樂器為主的音樂性陣頭。

北管帶神將

藝閣：由人扮演（或電動偶）神祇故事。

北港迓媽祖藝閣遊行

戰鼓：以一只超大型鼓和鑼、鈸等所組成的鑼鼓隊。

醒獅鼓：由數顆醒獅隊大鼓所組成的鼓隊。

車鼓陣：結合曲藝、具有劇情，以生、旦、丑為主，相互調情的陣頭。

牛犁歌：結合曲藝與耕牛犁田劇情的陣頭，亦有農村社會男女調情意味的陣頭。

龍陣：為數十節到上百節的巨型舞龍陣頭。

獅陣：舞獅陣頭，有醒獅、開口獅、閉口獅等；民間亦有說青面獅陣、金獅陣。

戰鼓

醒獅已成為最普遍的舞獅表演

台北霞海城隍遶境中的舞龍

宋江陣

搬演水滸傳人物所組成的武術性陣頭。

高蹺陣

以踩高蹺搬演演義故事的陣頭。

台南西港香遶境中的宋江陣

跳鼓陣

以頭旗、大鼓、小鑼、涼傘等組成的熱鬧陣頭。

布馬陣

人背布馬，搬演狀元遊街的趣味陣頭。

公背婆

扮演老翁，身背老婦遊街的趣味陣頭。

公背婆

十二婆姐

頭戴面具手持雨傘，搬演註生娘娘駕前婆姐的陣頭。

素蘭小姐

由素蘭、媒婆、抬轎者、扛檻者組合而成，搬演素蘭出嫁行列的趣味陣頭。

友廟神駕

參與遊行的友廟神輿隊伍。

主神陣

駕前神將

神祇駕前的護衛神將，如中壇元帥、四大元帥、千里眼與順風耳、六將爺、八將團、八家將、官將首團等。

哨角隊

由數支到數十支長形金屬喇叭哨角所組成的音響隊伍。

大甲媽祖進香中的哨角隊

儀仗武器

杖頭裝飾有十八般武器與神明印信的護衛隊伍。

儀仗大牌

標示有神祇名諱與迴避、肅靜字樣的大牌。

大甲媽祖進香中的長腳牌儀仗

繡旗

繡有宮廟名稱、主神名諱、龍、獅、麒麟、鳳等紋樣的旗幟隊伍。

轎前鑼鼓

行走在神輿之前的鑼鼓隊。

香擔

挑擔代表神祇香火的薰香擔。

大溪關聖帝君遶境永安社香擔

涼傘

原意為神祇遮擋陽光，後成為神駕威儀的象徵。

神輿

安奉主神的神轎或轎車。

台北地區盛行以花車作為神祇鑾駕

小法團

持黑令旗、法索、手鼓，守護神輿後方的法師團。

押陣旗

繡有宮廟名稱與主神名諱，墊後押陣的大型繡旗。

北港迎媽祖中的祖媽鑾駕

前鋒陣與主神陣的內容比較固定，前鋒陣中的路關、頭燈、頭旗與開路鑼鼓等，不論是在大型或是小型的遶境活動中幾乎都可以見到，報馬仔（探子馬）早期多見於媽祖進香遶境中，現代也出現於其他神明的遶境中。主神陣的規模以主神的鑾駕、涼傘為主，有時會加上香擔（滿路香）、轎前吹（哨角隊）、駕前將軍（如千順將軍、謝范將軍、家將、官將首等），甚至是陣容龐大的宋江陣、金獅陣等，主要作為主神的駕前護衛。而神格較高或是具有祀典神地位者（如媽祖、玄天上帝、保生大帝、王爺等），則有以大牌、武器等組成的儀仗隊，以增加其威儀。至於小法團轎後送、押陣旗等，則屬地區性習俗，前者多見於台南地區，後者多見於台北地區。

以迎神賽會為主的遶境活動是台灣廟會活動的主要象徵，普遍受到各地寺廟所重視，也發展出不同的地域性風格與著名的遶境活動。遶境活動地域性風格的差異主要來自於參與遶境陣頭的類型差異，如新北的三重、蘆洲與桃園大溪等地，多見將軍、童仔等神偶，他們經常配合北管樂團進行拜廟。雙北市早期的八將與晚期的官將首也是原屬具地域性特色的陣頭，現已傳衍至全台各地；籤仔師（開口獅）則原屬新竹以北的特色舞獅。新竹至南投竹山駕前將軍如牛馬將軍、金銀將軍等、謝范將軍，為區域內城隍遶境的主要特色。大台南地區與北高雄地區的蜈蚣陣、宋江陣，最受寺廟、庄頭所重視，而小法團則是台南地區的特色。裝扮奇異的報馬仔則是北港與澎湖地區的特色。而台灣早期多見有由孩童所扮演的真人藝閣，現在除了在北港、台

媽祖駕前神將千里眼、順風耳

南可見到之外，其他地區已少見。

由於不同特色陣頭的呈現，吸引許多香客、民眾參與、參觀遶境活動，並促進廟會市集的活絡經濟，因此在台灣也發展出許多著名的廟會活動，由北到南如：台北（大稻埕）迎城隍，艋舺迎青山王，三重大拜拜（先嗇宮神農大帝遶境）、新莊大拜拜（地藏庵文武大眾爺出巡），桃園大溪迎關聖帝君，新竹都城隍廟中元遶境，大甲、豐原、南投等地的迎城隍遶境，北港迎媽祖，嘉義城隍遶境，台南的小城隍遶境、學甲香遶境、麻豆香遶境、蕭壠香遶境、西港香遶境、土城香遶境，高雄萬年祭遶境，屏東東港、小琉球等三年一科迎王遶境等。這些廟會活動除了吸引眾多人駐足觀賞、攝影之外，也成為台灣當代珍貴的民俗文化資產。

出巡在時機與功能上與一般的遶境有所不同，出巡通常是指神明外出巡繞，出巡的路線與範圍也不限於轄境之內。在出巡的時機上，有時是定期舉行的，有時則不定期舉行，通常都由神明降旨指示。出巡的目的或與轄境之外的交陪寺廟進行「會香」，或因為地方上「不平靜」而外出巡視。故神明出巡期間主要重點之一是在轄境各定點停駐，接受信眾的請求「問事」或「辦事」（如路祭），大多帶有明顯的特殊任務，因此具有驅逐邪祟、保境安民的功能。由於神明出巡所需要的時間往往較長，動員的人力與物力多，又必須有轄境內外的交陪寺廟配合接駕，或作為臨時行臺。因此，大多數寺廟的神明出巡都是非定期舉行。

路夜間路祭請鍾馗五鬼收孤魂祭

跟著城隍爺去遶境

「叮噹噹鼓聲做頭前，陣頭迎過來，也有弄龍也有弄獅，滿街路鬧猜猜。有一個田莊阿伯藏在人縫內，頭抬抬，看甲嘴仔離西西，啊！北部最出名的台北迎城隍爺。……」這是由已故歌謠作家葉俊麟所作的〈台北迎城隍爺〉，歌詞中所描述的正是大稻埕霞海城隍廟，每年在陰曆五月十三日所舉行的城隍爺出巡遶境活動。日治時期，台北迎城隍與北港迎媽祖並稱台灣兩大迎神賽會。

每年的霞海城隍爺出巡遶境，總是吸引了成千上萬民眾前來看熱鬧，日治時期為了輸運看熱鬧的人潮，火車還要因此而加開班次，因此一向有「五月十三人看人」的稱譽。早年大稻埕迎城隍遶境的陣頭相當豐富，包括北管、南管、舞獅、舞龍，以及含廣告意味的藝閣等。由於祭典期間火車票折扣優待等誘因，因此吸引全台信眾前來觀賞廟會慶典；再加上遶境時由祭典協會所舉辦的陣頭比賽，獎賞的榮譽更鼓舞各式陣頭競相展現其陣容與規模。這種「輸人不輸陣」的拚賽心理，更是昔日大稻埕迎城隍之所以能造成萬人空巷景象的主要原因。

現今霞海城隍遶境遊行的隊伍，主要是霞海城隍爺駕前八將、霞海城隍爺鑾駕，以及各北管軒社、金獅團等共同組成，各軒社所出神將主要則為城隍駕前謝將軍和范將軍二位，以及文判和武判等。由於戰後政府主管機關指定由「民間遊藝協會」籌辦遶境與陣頭競賽，導致日治時期盛行一時的藝閣、詩意閣或藝旦閣消失了，加上比賽評審公平性受到質疑，90 年代時也停止了陣頭比賽；而過去信眾在遶境時的「夯枷」行為，早在戰後即被政府所禁止，「打臉」扮官將的情形在近二十年來也已不復見。不過時至今日，大稻埕迎城隍仍和「艋舺迎青山王」、「大龍峒迎大道公」並列為台北市三大傳統廟會，每年仍吸引眾多民眾駐足圍觀。

台北霞海城隍遶境聚集人潮

台北霞海城隍遶境中的謝、范將軍

暗訪

暗訪又稱夜巡，是指神明的夜間出巡，通常主神多為城隍爺或王爺，領有官將兵馬，具有監理陰陽職司的神明寺廟，才有暗訪的舉行。暗訪通常在入夜後舉行，由於具有明顯驅逐邪祟的作用，其活動帶有相當濃厚的宗教儀式上的神煞性質，因此排場、隊伍不如出巡或遶境時之盛大、熱鬧。寺廟舉行暗訪的時機主要有兩種，一為主神聖誕遶境前夕舉行，屬於定期性的暗訪，多見於各地的城隍爺信仰系統或是具有監理陰陽的神明，如台北市大稻埕每年陰曆五月中旬的霞海城隍暗訪、艋舺每年陰曆十月廿、廿一的青山王暗訪、新北市新莊每年陰曆四月底的大眾爺暗訪，以及南投（草屯、南投市等）城隍廟暗訪；二為經神明指示不定期辦理，多見於王爺信仰系統，尤其以鹿港地區最為興盛。

由於神明暗訪具有驅逐邪祟、掃蕩轄境的重要目的，故早期的暗訪多具有神秘的氣氛，暗訪進行時，通常各家大人們都會禁止孩童觀看，必定催促早早就寢，年老體弱、孕婦或年運欠佳者都要避免遇見暗訪隊伍，以免邪祟因為被驅逐威嚇到處亂竄而被沖煞到。因此，傳統的暗訪活動大多是低調進行，並不像日間遶境時的熱鬧，在隊伍的組成方面也顯得相當單純，大都只有路關、開路鑼鼓、主神鑾駕、儀仗與駕前將軍等，有時連主神也不會親自出場（如南投市城隍暗訪），或是僅以令牌代表（如大稻埕霞海城隍暗訪）。

艋舺青山王暗訪

神明暗訪多具有特殊的驅祟任務，因此暗訪的任務主要即由主神的駕前神將來執行。由於台灣各地方的神明駕前神將，在百餘年來已發展出具有區域特色的類型，也形成各地具不同特色的暗訪活動，較為著名者如台北地區的傳統三大暗訪活動：大稻埕霞海城隍暗訪、艋舺青山王暗訪、新莊文武大眾爺暗訪，新竹都城隍廟查夜，南投與草屯的城隍暗訪，鹿港各王爺廟的暗訪等。大稻埕與艋舺暗訪主要以駕前八將和謝范將軍為主力，尤其是艋舺青山宮的八將團迄今仍保持傳統形式，相當可貴。新莊文武大眾爺暗訪則以官將首和謝范將軍為主力，而新莊俊賢堂的官將首雖然開創歷史不算久遠，卻成為全台數量最多的由人扮演的神將陣頭類型。新竹都城隍廟查夜以六將爺（牛馬、金銀、謝范將軍）為主力，押陣神明由城隍爺的大公子與二公子輪流。而南投地區的城隍暗訪，則以牛馬將軍和謝范將軍為主力。

比較特殊的是鹿港地區的暗訪，其特色是以由人所扮演的曹吏、班役與乩童為主力，暗訪時在主神的正駕之外，還會邀請鎮內的交陪廟神明擔任副駕、陪駕等，暗訪期間會有「攔轎申冤」與王爺辦案的儀式，暗訪結束之後，還會進行送草人（替身）。

近年來由於民俗觀光熱潮興起，各地具有神秘氣氛的暗訪也成為觀光的熱門對象，再加上祭典頭人（爐主、頭家等）的熱情參與，在暗訪路線上搭設紅壇、聘請陣頭接駕之情形熱絡，使得原本氣氛較為低調的暗訪也

鹿港暗訪信眾接駕申冤

新莊大眾爺暗訪官將首出發

變得熱鬧起來，鞭炮、煙火不絕於途，宛如一場夜間的遶境，也成為地方有名的民俗盛會，如艋舺青山王暗訪、淡水清水祖師暗訪等，已逐漸失去典型的神秘性質。

跟著艋舺青山王暗訪

艋舺青山王祭典之肇始，主要是源於靈安尊王消弭清末咸豐、光緒年間瘟疫和蟾蜍精以及日治明治 37 年（1904）的鼠疫等靈驗事蹟所致。當時遷居艋舺的泉州惠安移民，一方面為感念所信奉神祇除疫鎮煞的靈驗性，庇佑信眾度過種種天災和不同族群衝突造成的外在困境，於是透過艋舺青山宮廟會活動的舉辦來酬謝神明。艋舺地區為慶祝青山王聖誕所舉行的祭典廟會，在地人通稱為「迓十月廿二」、「艋舺大拜拜」，包含陰曆 10 月 22 日的正日遶境，以及陰曆 10 月 20、21 兩日的夜巡，與大稻埕迎霞海城隍、大龍峒迎保生大帝並稱為台北市三大廟會，其夜巡（暗訪）活動則與大稻埕霞海城隍暗訪、新莊地藏庵暗訪並稱為台北盆地三大暗訪活動。

青山王夜巡區分為兩天舉行，分別巡繞艋舺的南區（雙園區）、北區（龍山區）。南北兩區大致以和平西路為界，南區包括環河南路三段、萬大路、西藏路、西園路、寶興街、大理街、莒光路、東園街等，北區有西園路、桂林路、康定路、昆明街、廣州街、漢口街、長沙街、武昌街等，相當於西門町的區域。青山王暗訪的隊伍比起正日遶境來說單純很多，近年所見主要有報馬仔、頭燈與頭旗車，其次為神將隊伍，有青山會（醒獅與謝、范將軍）、義安社（謝、范將軍）、鳳音社（文、武判官），押陣的為駕前排班、哨角隊、八將團與青山王鑾駕。其中的青山王八將團由於數十年來堅持傳統，在成員角色與臉譜、服裝和陣法上一直未有太大的改變，其形式、陣法雖然單純，卻也成為隊伍中最受矚目的焦點

青山王暗訪

青王暗訪中的八將

過爐

過爐是民間輪祀信仰中，將神尊（香火）從舊爐主處移請到新爐主處安奉的過程，有些地方稱為「過頭」，俗稱「神明搬家」，也是民間常見的迎神活動類型之一。台灣漢人社會早期由唐山渡海移民時，常會奉請原鄉祖廟的香火或神尊前來供奉，在墾拓過程中就成為地方的守護神，亦有在地因墾拓所需而奉祀傳統信仰中的某一位（組）神明者。在早期經濟尚未充裕的年代，神明或香火的奉祀，常因人群、庄頭墾拓的開枝散葉將神明的信仰傳布於各地，但由於台灣許多較晚開拓的地區一開始並無分靈供奉神明的作法，且又基於飲水思源的香火開基觀念，便逐漸形成神尊（香爐）輪值奉祀的情形。這種輪祀的信仰普遍見於台灣較晚開發的中、北部的鄉間地區，一般以一年一輪的方式，輪流「做東」奉祀神明（香火），成為台灣漢人社會中十分傳統的奉祀神明方式。

在台灣早期的神明信仰中，由於經濟能力或居住等各種條件的限制，普遍存在以香火做為神明象徵的現象，而香火的具體代表即是香爐，也使得香爐常成為神明信仰的主要聖物，即便是有雕造神像奉祀之下，香爐仍是信眾最重視的「信物」。台灣漢人社會在墾拓期間，一方面由於最早被奉祀的香火或神尊具有開基發源的重要意義，另一方面透過共同輪流祭祀的方式，來做為各庄頭之間相互聯繫與凝聚人群的目的。

關渡二媽年例輪祀過爐

台灣民間的神明或香火過爐信仰活動，主要由送爐、迎爐、安座等儀式為核心，有時也會同時舉行盛大的祈福祭典或是遶境活動。過爐時的迎神活動，最簡單的方式就是將香火或神尊直接迎請到新的奉祀地點安奉，從舊爐主處移到新爐主處，是一種兩點之間的迎神行為。有些過爐活動因為輪祀的庄頭較少，在迎神過程中隊伍也會行經所有歷年輪值的庄頭，而成為由數個點所形成的一種「面」的迎神活動。過爐活動中，除了香爐、神尊的交接之外，有時也會連帶交接相關的印信、帳冊，甚至是供桌、儀仗等。

台灣民間常見的較為簡單的過爐活動，其隊伍一般除了安奉香火（爐）、神尊的鑾駕或車駕之外，大多只有少數的開路鑼鼓、鼓吹樂隊、神將等陣頭，由舊爐主送爐或新爐主迎爐時負責張羅辦理。而較大型的過爐活動，除了常見參與輪祀的各庄頭（新、舊爐主）參與之外，新、舊爐主也經常會聘請眾多陣頭參與以增加隆重熱鬧氣氛，這種方式就接近於民間常見的遶境活動，也成為地方上的信仰盛會。

台灣民間信仰注重神明香火之奉祀，除了共同建廟以奉祀之外，信眾之間也經常組織起神明會，每年以卜爐主的方式輪流奉祀。而隨著神明會的擴張，其擴張形式之一是神明的信仰群眾逐漸增多，神明會的數量也不斷分支。這類神明會組成的方式常見有幾個，一種是家族（氏族）的分支而形成不同「股（份）」的輪祀，較為著名且信者眾多者如雲林地區的「六房媽」天上聖母輪祀，每年新的輪值房頭都要為媽祖蓋一座臨時行宮，而在過爐過程中，由於參與的信眾多而場面熱鬧，也成為雲林地區媽祖信仰的特色之一，因此也被登錄為國家及民俗文化資產。同樣是雲林近海地區的「五股開台聖王」，也是類似家族分股的輪祀方式。

另一種神明會組成的形式則是信仰的範圍逐漸擴大，而形成單一神明不同的祭祀庄頭，而各種頭也有各自形成為獨立的神明會者，較為著名者如彰化南瑤宮的媽祖會，歷年來形成老大媽、新大媽、老二媽、興二媽、聖三媽、新三媽、老四媽、聖四媽、老五媽、老六媽等十個神明會，其範圍遍及彰化、台中、南投等地。

傳統上較為單純的過爐活動，即是將香爐、神尊由舊爐主所在的庄頭移奉到新爐主的庄頭。這種方式基本上各庄頭並未有建廟奉祀的情形，而是將香爐、神尊安奉在庄頭的爐主宅或臨時壇而供庄頭信眾祭拜。這類的案例在台灣北部地區十分普遍，如新北市三芝、淡水地區的九庄大道公（保生大帝）輪祀，新北林口竹林山觀音寺的觀音媽輪祀有六股媽（林口、新莊、五股地區）輪祀與巡迴媽輪祀（新北市林口、鶯歌地區與桃園市之龜山、桃園、蘆竹、大園等地區）。而桃園霄裡（八德、大溪）地區，昔日由霄裡大圳與三七圳灌溉區域所形成的三界爐輪祀，由區域內四座公廟（霄裡玉元宮、八德元聖宮、八德三元宮、大溪南興永昌宮）輪祀，迄今仍以代表三界公的香爐過爐為主，每年在下元節期間舉行，兼具有年尾謝平安之意，為單純以迎奉香爐為主的輪祀信仰與過爐活動。

桃園八德、大溪三界公爐過爐

林口竹林山觀音寺巡迴媽過爐

過火

過火又稱為「踏火」，是台灣民間十分普遍的潔淨除穢儀式，常在神明聖誕時舉行，主要是遶境後神尊安座前，透過火的力量以潔淨神尊（神像），除去神尊在外時有可能接觸到的污穢。

台灣常見的過火形式主要有兩大類型，一為過金紙火，主要以金紙堆起火，尤信眾捧奉神尊或旗幟、令牌、法器等跨（跳）過火堆。以金紙堆成七堆者為過七星火、而堆成五堆的則稱為過五方火，常見於台灣各地寺廟慶典中。過金紙火比較大型的是桃園大園、蘆竹地區的過金紙火，使用的金紙數量眾多，過火時信眾抬、捧神尊跳過由燃燒金紙所形成的火龍，過火儀式所需時間雖然較短但場面盛大，而燃燒的金紙若欲風吹而飄動也增加其危險性。

另一種方式為過炭火，以木材燃燒成炭火或直接以木炭生火，又可區分為過平炭（炭火平鋪成長四方形）和過炭山（炭火堆積像一座小山）兩種類型。過平炭是將木炭燃燒後鋪平成方形或橢圓形平面，有時也會先以木柴堆成五堆，燒成炭之後再鋪平以過火，是較為普遍的過炭火儀

芝山岩惠濟宮開漳聖王聖誕過炭火

式。而過炭山則是將燃燒過的火炭堆成一座小丘，其難度與危險高於過平炭，常見於宜蘭地區，如五結王公過火、壯圍開漳聖王過火等，新北市新莊的保元宮、中港福德祠也是過炭山。而新北市野柳漁港每年上元節在神轎跳水淨港之後也要進行過炭火儀式，稱為「水裡來、火裡去」。

過火儀式雖然在真正通過火堆的時間並不常，但準備的功夫卻不可馬虎，較平常的過火準備，除了要看流年「利方」來決定過火方方向之外，所有參與過火的信者還要隨身攜帶神明敕過的符令以保平安。而較為慎重的過火儀式，則需請法師在過火前進行招五營神兵守護，以雪山符鎮火場，並進行出火煞、開火路，向火堆灑大量的鹽米以避煞（降溫），然後才進行過火。過火一般都要進行三回，其儀式也有許多禁忌，諸如女性不可參與參與，而戴重孝者（家中直系尊親屬死亡）也是重要忌諱，主要是避免這些禁忌事項可能帶來的污穢，以保障過火儀式的神聖與潔淨。

宜蘭五結王公廟過火

南投武當宮玄天上帝聖誕遶境過七星火

桃園竹圍福海宮過金紙火

安營、調營、犒軍

安營即「安五營」，又稱「豎五營」或「釘符」，是安奉一種具有辟邪與守護廟境信仰功能的「外五營」儀式活動。五營信仰多見於主神具有境主神地位的寺廟，這類寺廟常見在廟中供奉有五神將軍，早期多以斗架方式供奉五營頭，晚近則出現了一組五尊神完整神像的形式。而除了在寺廟中供奉五營之外，許多鄉村地區的寺廟，許多鄉村地區的寺廟，也常見在聚落周邊分別供奉五營兵將的情形，寺廟內的五營元帥為「內五營」，而廟外的五營兵將則為「外五營」。外五營的供奉常見以竹符方式設置於聚落中以寺廟為核心的五個方位，或設置依小型的祠廟，分別供奉東、南、西、北、中等五營神兵統帥，稱為五營祠或五營頭，內部神位常見為書有各營統帥名諱的竹符或神位、畫像等，中營常見於寺廟廟埕之前，其他東、南、西、北四營則位於聚落外圍四個重要入口處，四營之內的範圍即是寺廟的轄境。

台灣的五營信仰有多種系統，常見的一組為張、蕭、劉、連（以上稱聖者）、李（元帥），另外也見有：羅昆、文良、羅燦、招賢、

嘉義大林營頭彩繪神將

五營將軍神像

西

李元帥等組合[1]。少數地方又有大小五營之區分，小五營即一般常見的五營，而大五營則常見以道教法派三十六官將中的溫（東）、康（南）、馬（西）、趙（北）、李（中）五位元帥。他們的職司是率領神兵以守護轄境，是傳統聚落的主要守護力量。五營的神兵及旗幟常見為：東營九夷軍—青旗、南營八蠻軍—紅旗、西營六戎軍—白旗、北營五狄軍—黑旗、中營三秦軍—黃旗。

安營通常是在主神神誕前後，由法師透過神明指示擇時舉行，澎湖地方特別重視五營之安奉，常在陰曆正月十五日安營、六月三十日收營，八月初一日放營、十二月十五日收營，舊年尾新年頭與七月時只留守少數兵力。台灣常見的安營儀式過程除了豎符之外，必須在各營的定點由法師（小法）或神轎領隊，舉行簡單的祭拜儀式後，即進行安營的動作。其順序通常依東、南、西、北、中等方位舉行，以五色營旗召請五營兵將駐守，通常安紮在村莊的四角，以此區分社內、

1 黃文博，《台灣民間信仰與儀式》，頁79。台北：常民文化有限公司，1997年。

宮廟內五營常以五營斗方式供奉

嘉義大林營頭

社外。近代則由於安營的地點不易獲得，許多寺廟紛紛將外五營集中在廟前統一供奉，故除了鹿港（含）以南和澎湖等傳統聚落之外，已較少見到安營儀式。

調營又稱為召營，為招請五營神兵的儀式，而犒軍又稱為犒將、賞兵、犒賞等，即透過一定的儀式或祭拜行為，調動、犒賞官將兵馬的意思，是台灣民間常見的五營神兵祭祀儀式。五營除了在平時固定為聚落守護力量之外，在道法儀式中也是主要的守護力量。一般具有兵將配置的寺廟，如各地的王爺廟、城隍廟，在必須藉助官將兵馬來執行一定法事時，都會透過「調營」（召營）的儀式請來五營兵將，而在法事結束之後也會舉行「犒軍」（犒將）來犒賞官將兵馬，是寺廟中常見的儀式活動。因此設有五營的寺廟，平時多會在固定時間進行犒賞神兵的祭祀，常見為陰曆每月初一、十五。而道士、法師在執行押煞或拔度、祭孤時，也會進行召營。此外，民間也有依例在陰曆每個月的初一、十五下午，固定在廟前或門口祭拜以「犒將」，其形

鹿港奉天宮犒軍

鹿港奉天宮調營

西

式與初二、十六的「作牙」類似。

調營、犒軍時，祭祀的供品一般以酒、肉、飯、菜等為主，與祭祀祖先者類似，較少用牲禮，但由於犒軍時除了祭祀神兵神將之外還有神馬，因此在供品中也多會備有草料（牧草）與水。其次，所用的財帛中也有「甲馬」一項，是專為犒賞神兵的紙錢。在進行犒軍時要先調營，主行儀式的法師分別手持青、紅、白、黑、紅等五色令旗與木製劍令（大令），召請五營兵馬速速到壇前來接受供奉，祭祀中要三獻酒儀，有時還會將草料、清水往供桌前的地上潑灑，以賞神馬。由於調營、犒賞是法派的常用科儀，在前場方面一般只有一名法師搭配一名助手，後場則是一鑼、一鼓伴奏，在簡單的鑼鼓伴奏下唱誦專有的法仔調曲文，相當具有宗教特色與民俗意義。

霞海城隍收營犒軍

霞海城隍放軍安營

敬天祭神來祈福

敬天地祀神鬼一向是台灣民間最主要的信仰內涵，尤其是以祭祀天地神祇為主的信仰更是信仰中的核心，其目的就是希望透過祭祀行為來祈求天地神祇降福、消災。因此，漢人社會自古以來對於祭祀天地神祇都特別重視，從最簡單的到寺廟上香祭拜或是設香案祭拜，較為隆重的祭祀會準備香、燈、茶、酒、花、果、糕餅、財帛等來奉獻，慎重一點還要上疏文來表虔誠敬拜之意。而隨著禮儀的受到重視，民間信仰與各宗教也逐漸發展出成套的祭祀禮儀，也成為晚近常見的大型祭典，主要有以儒家禮儀為主的三獻禮，佛教、道教皆備的各類型法會，以及以道教為主的齋儀、醮典，其中尤其是俗稱作醮的醮典，主要的目的即是祈福，因此更是受到台灣民間所重視。

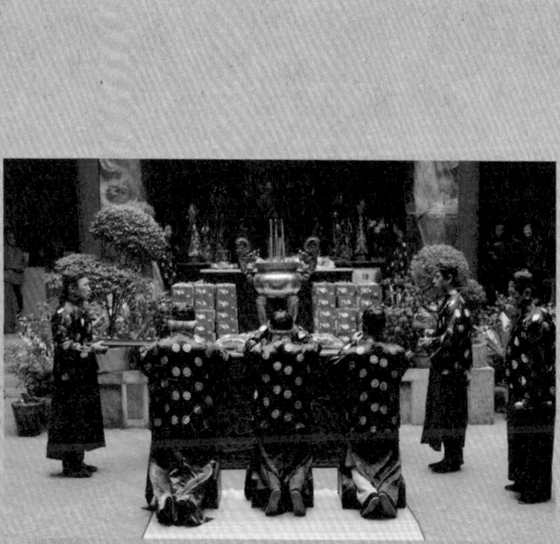

以儒家禮儀形式為主的三獻禮為民間通行的祭祀禮儀

祭祀神祇為傳統信仰的核心

醮典

醮典為傳統道教的主要儀式祭典，是指民間為了許願祈神或還願酬神，設置道場並聘請道士（或法師）所主持的一種道教儀式，為台灣民間常見的大型祭典活動，俗稱建醮、做醮，主要意義乃是為地方及信眾祈福、禳災，以及超度境內無主孤魂，最終目的即是希望獲致「冥陽兩利」，一向是台灣各地傳統聚落、宮廟重要的信仰盛會。台灣民間的醮典，依照其舉行的主要目的，可區分為慶成、祈福、禳災等類型，通常多在數年到數十年之間舉行一次，在漢人歷史上具有十分悠久的傳統，是各類祭典儀式中規模最大者，在古代與「齋」並稱為「齋醮」。兩者之間的主要差別，在於「醮」主要的目的是為了降神「賜福」，而「齋」則是為了「懺悔」解罪，兼有為亡靈祈冥福之目的。

一個具有制度的宗教，其內容除了教義、經典、組織與崇拜對象（神祇）之外，更須具有宗教禮儀，以提供為信徒服務的重要功能。宗教禮儀是以祭祀神祇為核心所衍生出的一套儀軌、範式，而「齋醮」即是道教所有大型禮儀的總稱。

「醮」之意義隨著時代之變遷而有所不同，從道教未創立前之「祭祀太乙以及諸天神」，六朝、隋唐

由道士主持儀式為民間醮典普遍的現象

華麗的臨時性醮壇是民間對於建醮最主要的印象

時期的「夜間露天祭祀天神、星宿」，明代的「凡僧道設壇祈禱」，一直到近代台灣社會所認知的「為還願酬神之大規模祭典」。台灣民俗研究前輩劉枝萬在歸納歷史文獻記載與中外學者之研究後，指出所謂「醮」的意義，除了以「還願之隆重公祭」為必要條件之外，還必須具備以下條件：一、必需請道士來主持；二、設道場，舉行道教儀式；三、時間必須延續一天以上。[1]因此我們可以說，所謂的「醮典」在意義方面，是指民間為了許願祈神或還願酬神，設置道場並聘請道士所主持的一種以道教儀式為主，時間延續一天以上之隆重的公共祭典。

　　道教初具規模的齋醮禮儀，其較早的起源一般認為與五斗米道的張道陵天師有關。據《後漢書．劉焉傳》引《典略》說：五斗米道設鬼吏職司，主為病者請禱，其請禱之法為「書病人姓字，說服罪之意。作三通，其一上之天，著山上，其一埋之地，其一沈之水，謂之『三官手書』。」此一「三官手書」的信仰也被延續下來，而南北朝時期的齋法也都淵源於五斗米道的這類祈禱祭祀活動，最明顯的即是道民「三會」——即上元、中下、下元的祈禱祭祀活動。

醮典中供奉斗燈為信眾祈福

三元節中上疏文祭祀三官大帝為古代三官手書儀式之遺留

當代黃籙齋為大型之超薦祭典

1　劉枝萬，1983，《臺灣民間信仰論集》，頁3，台北：聯經出版公司。

以晚近的台灣道教生態來說，一般將懺悔解罪、薦拔亡者的祭祀禮儀稱為「齋」或稱「齋儀」，而將祭祀陽神、酬願祈福的祭祀禮儀稱為「醮」或稱「醮典」。其實若就中國古代的信仰活動來說，醮祭活動早在道教建立之前即已存在；但若就道教歷史源流而論，醮則是齋的演變，也就是說，以是否形成制度化儀軌的觀點來看，齋儀的歷史早於醮典，而將齋醮兩者聯稱，則流行於宋代之後的道教。

齋醮是道教進行宗教活動的重要方式，也是影響群眾的重要手段。「齋」字古作「齊」，原意為「戒潔」，如《莊子．人間世》中借孔子之口而有「祭祀之齋」與「心齋」之說。祭祀之齋，乃古人於祭祀之前，必先齋戒，《禮記．曲禮上》：「**齊戒以告鬼神。**」《禮記．祭統》又云：「**齊者精明之至也，然後可以交於神明也。**」《孟子．離婁》：「**齊戒沐浴，則可以祀上帝。**」**漢代道教成立以後，蓋由於佛教所影響，專心整理儀式，竟將此詞冠諸祭儀上，故《隋書》云：「其潔齋之法，有黃籙……等齋。」**迨唐代以降，遂常與「醮」並稱為「齋醮」[2]，即當今道士所謂的「設齋建醮」或「修齋設醮」。

事實上，在道教長達兩千多年的發展史上，齋與醮之區別多呈混淆不清之現象。宗教研究前輩劉枝萬認為之所以陷入混亂之因，可歸納為兩

2 劉枝萬：《台灣民間信仰論集》，頁16。台北：聯經出版公司。

傳統正一道士擅長於祈福醮儀（祝燈延壽）

傳統靈寶道士擅長於拔度齋儀（拔度詔靈）

端：一為由教派而別，以為靈寶派所行者謂之齋，而正一派所行即稱醮；則「靈寶設齋正一建醮」，此其一。二為按儀式舉行時，次序之前後為準，以為先行者為齋，後行者為醮；則「先齋而後醮」，或謂「齋後醮」，此其二[3]。

在中國古代由於歷代王朝重視齋儀，即便是以祈福為主的大型祭典也多以齋為名。因此，醮的起源雖比齋還要來得早，但道教成立之後又重視齋儀，建醮之事也幾乎成為民間大型公眾性祈福祭典的代名詞。職是之故，歷史上有關建醮的文獻較之修齋者即明顯減少，而清代台灣方志文獻中雖然有許多關於建醮源由之描寫，但關於建醮的內容則多未予說明。如《台灣縣志》〈輿地志一〉「風俗」說：「**臺尚王醮，三年一舉，取送瘟之義也。附郭鄉村皆然。境內之人，鳩金造舟，設瘟王三座，紙為之。延道士設醮，或二日夜、三日夜不等，總以末日盛設筵席演戲，名曰請王；進酒上菜，擇一人曉事者，跪而致之。酒畢，將瘟王置船上，凡百食物、器用、財寶，無一不具。**」這類以「驅瘟禳災」為主的「王醮」，在早期方志中頗多類似記載。

而關於祈福性質的建醮活動，較為詳細者為《安平縣雜記》〈風俗現況〉之記載：「**市街延請道士禳醮，三年一次，有曰「三條醮」，有曰「五**

3 劉枝萬：《台灣民間信仰論集》，頁 17-18。

王醮目的在驅逐瘟疫，以送王為最後儀式（台南蘇厝長興宮）。

條醮」（水醮、火醮，祈安慶成也）。皆由民人捐緣集金，和衷共濟，以祈天地神明為民人消災降祥之意。一次費金幾千圓。鄉莊里堡民人則費金幾百圓。」唯其內容也僅說明醮期的不同而以「幾條（朝）」來區分，以及水醮、火醮、慶成、祈安等名稱，也未見較為詳細的建醮內容。

台灣漢人社會中的建醮習俗，除了自清代以來即盛行的王醮之外，醮典的名目雖不多但卻隨著各地之習慣而有所差異。劉枝萬曾根據台南府城近代碩學道士曾椿壽的報導，指出台灣地區的建醮祭典名稱，若依動機與目的加以分類，有平安醮、瘟醮、慶成醮、火醮、水醮、祝壽醮、海醮、春秋醮、開光醮、船醮、牛瘟醮、雷公醮等十二種[4]。

台灣的醮典可依照其舉行之時間，區分為定期性與不定期兩類，在醮的名稱上也因為祈求目的之不同而有所差異。定期性的醮典如：台灣南部盛行以迎送王爺為主的「王醮」（瘟醮），多有三年舉行一次者，稱為「三年一科」；台灣各地以聚落為主體所舉行的「平安醮」，多固定在十年到三十年之間舉行一次，以參與人數來說是台灣各種醮典中規模最大者。不定期的醮典如：寺廟新建或重修落成所舉行的「慶成醮」，以及經過一段時間之後再次舉行的「清醮」或「福醮」，即所謂的「醮尾」或「圓醮」，舉行醮典之寺廟若是地方信仰中心，其規模亦十分盛大；台灣南部也有為

4 劉枝萬，1967，《臺北市松山祈安建醮祭典》，頁14。台北：中央研究院民族學研究所。

安龍奠土為宮廟慶成的重要儀式

瘟醮以祭祀瘟王為主，在宮廟設置王府行臺

火醮主要為驅除火煞，以扑火疫部為主要特徵。

了祈求捕烏魚豐收所舉行的「烏魚醮」等。其次，也有因為醮典舉行的時間長短來加以稱呼者，一般以奇數（陽數）天數為準，一天稱之為「一朝」，一般常見者為「一朝醮」、「三朝醮」、「五朝醮」等，「七朝醮」或「九朝醮」較為少見。

在台灣漢人傳統社會中，以地方公廟為主所舉行的醮典一向是聚落中無可替代的信仰盛事。為了凸顯醮典的重要性，除了聘請專業的宗教人員來主持醮局之外，也必須利用各種裝置與藝術之手段，如神像掛軸、紙糊神像、醮壇等，將平時的宮廟空間轉換成為醮典期間的非常性空間，使信眾能十分明顯的感受到醮典的神聖氣氛，這就是醮典藝術存在的主要旨趣。因此，建醮期間的壇場空間與神像、祀具、法物等，也特別受到重視，不僅壇場的空間結構最完整，壇場中所陳設的各種法物也最豐富而多元，也成為民俗藝術和宗教藝術匯集的場所。

建醮時請糊紙匠師製作紙紮神像供奉，成為醮典期間備受矚目的宗教藝術。

慶成醮以奠安為主，靈寶道士進行五方安鎮。

圓醮俗稱醮尾，具有建醮圓滿之意義。

台灣常見的醮典類型與規格

台灣目前常見的醮典，依照約民間定俗成的看法，其外在特徵有三：一、祭典儀式持續一天以上，內壇奉請神祇眾多；二、外壇搭設壯觀，普度規模盛大，三、豎燈篙以祈請天神下降與召請陸路孤魂，放水燈以召請水路孤魂。在類型方面，依照舉行的主要目的有三：一、為了慶祝寺廟新建或重建落成、酬謝神恩所舉行的慶成醮，又稱為謝土醮；二、為了祈求地方平安所舉行的平安醮，又稱為祈安醮、福醮，三、為了祛除災害所舉行的禳災醮，常見有瘟醮（王醮）、火醮、水醮、路醮等。

由於醮典是民間最盛大的祭典（儀式行廟會活動），因此一般多以舉行的天數來稱呼，一天一夜為一朝，依此類推，時間最久的為四十九天，通稱「羅天大醮」，持續更久的又有「周天大醮」、「普天大醮」等。其實傳統上醮典舉行的規模大小並非以天數多少為主要特徵，而是根據醮典中所奉祀神位的多寡，規模愈大者所供奉的神位愈多，常見以排壇「立疏」的方式來呈現，就是在法壇中排設疏文（狀文），封套上書寫不同的神祇名諱或所屬宮殿名稱，一般來說一朝以上至少排有三十六道疏文，依次為三朝七十二道、五朝以上一百〇八道等，舉行羅天大醮則必須排一千兩百道，在台灣並不常見。

數燈篙為醮典外在象徵之一，傳統正一道士在醮壇外豎立天地燈篙。

放水燈為建醮通行的重要儀式之一

在壇場奉排壇狀以象徵所請神祇

醮壇布置以神像掛軸為主，成為臨時性眾神殿。

法會

法會是較大型祭祀活動的通稱，其形式、內容通常比醮典簡單，在禮儀的盛重程度與流程節奏上，一般也要比醮典來得輕鬆，但在祭祀的目的上則較為明顯，經常會將其冠在法會的名稱之上，如普度法會、拔度法會、禳災法會、補運法會、禮斗法會、祝壽法會等，名目繁多，主要可區分為祈福、超度、禳災等三大類型，以禮斗為主的祈福型法會最為盛行。此外，法會在舉行的時間上有時會比醮典還要長，從半天、一天到七天、九天不等。

台灣民間常見的祈福法會以禮斗法會為主，主要集中在春、秋二季定期舉行，春季禮斗法會多在陰曆新年期間到三月間舉行，而秋季禮斗法會則集中於陰曆九月。除此之外，也常見在主神聖誕期間與祝壽法會一起舉行禮斗，一方面為神明祝壽，另一方面為信眾祈福。法會由地方的寺廟主辦，開放給民眾登記參加，舉行的時間常見為三天以上到九天、十五天不等。禮斗法會的儀式內容以禮拜「南、北斗」為主。寺廟為民眾在廟壇中準備「斗燈座」，在米斗中供奉一盞油燈以代表信者的元辰，其次為書有信者姓名的斗籤，以及護衛元辰的涼傘與圓鏡、寶劍、剪刀、尺、秤等，以祈求南北斗星君護佑信者元辰煥（光）彩。

元辰星斗信仰起源於古代的一種星辰崇拜，在漢人社會中歷史悠久，

祝壽法會壇場

民間相信每一個人皆為天上的星斗所降生，因此在天上皆有一顆與自己相對應的星斗，稱為本命元辰，元辰星如果光亮就代表現實中的個人身體會健康，運途會順遂，相反如果元辰星晦暗的話，人就會生病或運途不順。因此漢人社會自古就有禳祭本命星的信仰儀式，較早的傳說為《三國演義》中孔明祭七星燈的故事，話說三國期間蜀國軍師諸葛亮，在北伐期間因感身體不適，觀天象而察知自己的陽壽不久，就開壇祭七星燈與本命星祈求延壽，但被大將魏延進壇稟告軍情時踢翻了象徵本命星的油燈，諸葛亮感嘆天命難違，隨後沒多久便去世了，這一則傳說也反映出出民間的星斗信仰。

傳統的星斗信仰經過長久的傳衍之後，除了本命星之外，主要集中在南斗與北斗，故民間信仰中有「南斗注生、北斗注死」的說法，因此就禮拜南斗以祈求增福延壽，禮拜北斗以祈求消災解厄。《道德經》第五十八章說：「**禍兮福之所倚，福兮禍之所伏。**」福與禍通常會相伴而來，因此並非永恆的，福雖然可貴，也是世人所祈求的，但有可能隨時會失去，或是轉福為禍。而禍雖然可怕，但若能透過儀式加以消除或是轉禍為福，也可以保障基本的平安順遂。因此，具有消災解厄法力的北斗便成為主要的祭拜對象，後來也與南斗崇拜雙雙人格化為北斗星君與南斗星君。在道教眾多經典中，《北斗經》也成為最常被禮誦的一部經典。

北斗星群即現代星盤中的「大熊座」，主要由七顆星排列成斗（杓）

道教舉行禮斗法會祝壽

形，其名始見於漢代緯書《春秋運斗樞》：「第一天樞，第二天璇，第三天璣，第四天權，第五玉衡，第六開陽，第七瑤光。第一至第四為魁，第五至第七為標，合而為斗。」北斗七星由斗口至斗杓連線順序為天樞、天璇、天璣、天權等四星合為「斗杓」，玉衡、開陽和瑤光等三星合為「斗柄」，通過斗口（杓）的兩顆星連線，朝斗口方向延長五倍可以找到北極星。除了在夜間辨別方位之外，北斗星斗柄方向的變化作也成為判斷季節的標誌之一。據先秦《鶡冠子》載：「斗柄東指，天下皆春；斗柄南指，天下皆夏；斗柄西指，天下皆秋；斗柄北指，天下皆冬。」《史記・天官書》與《漢書・天文志》均有「直斗杓所指，以建時節。」之記載。

在道教《北斗經》中，北斗星群則有九星，七顯二隱，主宰不同生肖所生之人：「北斗第一天樞宮，陽明貪狼太星君，子生人屬之。北斗第二天璇宮，陰精巨門元星君，丑、亥生人屬之。北斗第三天機宮，真人祿存真星君，寅、戌生人屬之。北斗第四天權宮，玄冥文曲紐星君，卯、酉生人屬之。北斗第五天衡宮，丹元廉貞綱星君，辰、申生人屬之。北斗第六闓陽宮，北極武曲

北斗星君像

南斗星君像

紀星君，巳、未生人屬之。北斗第七瑤光宮，天衡破軍關星君，午生人屬之。北斗第八洞明宮，外輔星君。北斗第九隱光宮，內弼星君。」《北斗經》中也說明禮拜北斗星七具有蠲除各種災厄的效果：「**大聖北斗七元君，能解三災厄、四煞厄、五刑厄、六害厄、七傷厄、八難厄、九星厄、夫妻厄、男女厄、產生厄、復連厄、疫癘厄、疾病厄、精邪厄、虎狼厄、蟲蛇厄、劫賊厄、枷棒厄、橫死厄、咒誓厄、天羅厄、地網厄、刀兵厄、水火厄、車關厄、喪門厄。**」因此，在台灣所有道教與民間信仰為主的消災解厄儀式中，幾乎都是以禮拜北斗為核心。

由於本命星辰與南、北斗信仰之故，在禮斗法會與醮典中，除了會在法壇中供奉斗燈之外，台灣道教正一派也有「祝燈延壽」科儀，科儀的目的主要是祈請燈光普照天尊、星移斗轉天尊、長生保命天尊等神，透過燈火的光明力量，來為信眾人等祈求元辰煥彩。其功能即如科儀中「祝燈偈」所述：「**一燈分出千百燈，燈上光明火上星；上照諸天眾星斗，下照本命及元辰。**」以燈光普照之不可思議功德，普為世人添福壽。

除了大型祈福法會之外，個人性的祈福行為，在漢人社會中較之公眾性的祈福活動更為普遍，主要的項目如安太歲、點光明燈、改運等。這些祈福行為多配合年節舉行，如安太歲、點光明燈集中於新年期間，改運（補運）集中在新春期間與陰曆六月（六月初六、半年節），近代則遍布於陰曆七月之外的各月份，並以新春期間為高峰。個人祈福一般多到居所

正一道士祝燈延壽科儀

禮斗法會中供奉斗燈為信眾祈福

附近的寺廟進行，由駐廟道士或法師為信眾讀疏、誦經，以改善信眾全年的運氣，而信眾改運祈福所奉獻的香油金，除了支付神職人員的酬勞之外，也是寺廟經常性的主要收入之一。台灣北部地區也有個人特別延請道士、法師到住宅進行改運儀式者，稱為「大補運」，俗稱「做獅」，但由於所需花費甚鉅，故較少見到。（詳細參見內文「制解、補運」章節）

超度性的法會最常見的為普度法會，其次有超度死於水災、火災、震災、瘟疫等所舉行，這些法會大多為集體性的超度法事，有別於專為個別亡者所做的超度。超度性法會除了普度之外，大都會根據亡者死難的狀況舉行不同的儀式，如超度死於水難者有牽水轙儀式，超度死於血光者（包括刀兵、車禍等）有牽血轙儀式，超度死於瘟疫者有和瘟、送瘟儀式等。而不管主要儀式為何，都要在法會結束前舉行一場類似普度的施食賑濟科儀。此外，由於民間俗信會發生災難或導致集體死亡，其主要根源為各種邪煞的侵擾所致，如鬼中孤魂作祟引起水災，火煞引起火災，瘟神疫鬼作祟引起瘟疫。因此除了超度與賑濟儀式之外，大多要特別針對不同的災難舉行舉行驅逐邪煞的出煞儀式。而由於台灣地屬海島型環境氣候多天災、瘟疫，民間也十分

開天門補運

新春制解法會

超薦法會牽血轙儀式

超薦法會牽水轙儀式

佛教在中元節舉行放焰口賑濟孤魂

重視而發展出對象不同的禳災型的法會。這些法會的規模多不像祈福法會盛大，舉行的時間一般多在半天到一天之間。

常見的禳災型法會常見的有水醮、火醮、瘟醮、謝土、路祭等，由於台灣民間對於水難、火災與瘟疫之禍特別戒慎，故將禳除水火、瘟疫之祭典名之為醮，其祭典規模其實並未有前述醮典之盛大。謝土祭典主要是因建築物（寺廟、住宅）慶成所作，為了保障香火興旺、神明安頓之故，就必須將建築物內所可能隱藏的煞氣予以辟除，因此禳除土煞也成為謝土慶成的重要儀式，常會在建築物落成之後、慶成祈安之前舉行以收煞為主的謝土法會。而路祭則是為了驅除馬路上的煞氣，由於民間觀念認為「馬路如虎口」，尤其是在交叉路口或「反弓水」位置所在，其不宜的風水皆有可能為邪祟所滯留，形成路煞而令人傷亡，所以路祭法會也成為台灣民間保障行路安全的常見禳災型祭典。禳災型的法會除了以出煞儀式為核心之外，有時也要連帶舉行普施賑濟儀式，然後再進行出煞，以「先禮後兵」的方式先安撫後才進行驅逐。

謝土儀式祭土府

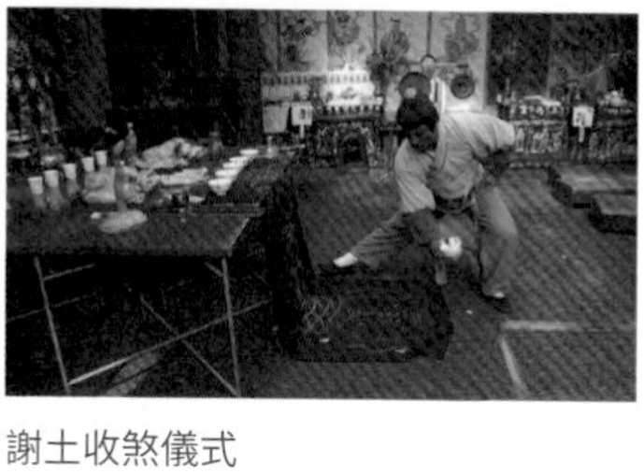
謝土收煞儀式

祛瘟法會送瘟船儀式開水路

禮斗「斗燈」的內容與意義

燈主要由斗筒及置於斗內的多項物件所組成。斗筒從一般的米斗到雕刻精緻的木斗皆有，其中盛滿白米，上插涼傘、斗籤與剪刀、尺、秤、鏡、劍等。涼傘為天垂寶蓋，具有護佑之意。涼傘下為紅色斗籤，其上書寫日、月之稱諱，特別是南斗與北斗之形，以及供奉信者之姓名。斗筒中的器物皆具有吉祥、辟邪之義：寶劍屬金，辟除不祥；剪刀亦屬金，既可剪除不祥，亦諧音「家」，全家增祥;秤一把屬木，可秤一家之福分；尺一把亦屬木，可衡量是非善惡；其內又有土缽乙只置於圓鏡前，屬土，內盛燈、燭油屬水，在加上點燃後之火及五行俱全。斗燈一旦點燃後即不可熄滅，經由火光照耀鏡中使之閃耀通明，以此祈求斗首闔家「元辰煥彩」。

三獻禮

三獻禮為一種以禮儀性為主，而不具有明顯儀式性的祭典，其方式採儒家式禮儀，常不用專業人員（道士、法師），且時間較短，並以莊嚴肅穆為主要訴求。禮儀中主要以奉獻供品為表徵，民間稱為「獻禮」，其規模大小一般以獻酒（爵）的次數來區分，有單獻禮、三獻禮，以至於九獻禮等。其中以三獻禮最為常見，俗稱「作三獻」，是民間祭儀中使用最廣，也是最重要的一種，尤其是在神明生與千秋聖誕日的祭典中，更是不可或缺的儀式。

三獻禮獻爵

禮斗法會中啟點斗燈

三獻禮亦即分三次敬獻爵、祿、酒、果等供品，分別為初獻、亞獻、終獻。完整作三獻祭儀也有許多儀禮配合，依次為：擂鼓三通、鳴鐘九響、奏樂、行三跪九叩的參神禮、迎神進饌、初獻、恭讀祝文、亞獻、終獻、獻帛、化財、焚祝文、送神撤饌、望燎等。作三獻的過程也會因為地域、祖籍的差異而有所不同，但意義與精神卻是一致的，都表達了信眾對神明的崇敬心理。台灣民間寺廟神誕的作三獻，一般多由廟中執事負責訓練禮生行禮，較隆重的也會延請道士或法師來主持儀式，其規模則類似建醮法事的縮影。

祭儀一向是漢人社會各傳統宗教的重要內容，傳統儒家的祭祀禮儀，其精神與原則主要傳承自先秦時期的「三禮」典籍（周禮、儀禮、禮記）。凡禮儀皆須具備三種要素：禮器、禮文、禮義。「禮器」是指行禮時所須使用到的器物，包括了祭器、祭品，以及參與祭祀者的服裝等。行禮時便是藉著這些器物的陳列擺設，利用具體的東西將抽象的意念引導出來，使行禮者能從這些器物所架構出來的情境中體會出行禮的功能或目的。「禮文」即行禮的儀節動作，包括禮儀過程中的揖讓跪拜、舉手投足等，主要希望藉由這些動作幫助行禮者或觀禮者，在這動靜周旋之間感悟到行禮的意義。「禮義」是一種抽象的概念，乃行禮之目的，也就是舉行這項禮節所能或所期望達成的功能，為禮的三要素中最重要的一項，是禮的靈魂，禮器和禮文都只是用來

三獻禮中恭讀祝文

三獻禮中進行跪拜禮

幫助體現禮義[5]。

以官方祀典和民間祭祖為主的傳統儒教祭祀禮儀，其祭祀的核心精神是「無所禱」，祭祀的重心在於祭祀者內心心理活動之完成，而非落在被禱的對象及所禱之事[6]，也就是不同於其他宗教或一般民間信仰之追求「靈驗」。如《禮記．檀弓》云：「**惟祭祀之禮，主人自盡焉耳，豈知神之所饗？亦以主人有齋敬之心也。**」主人自盡其敬，就是祭祀者自己以至誠之心將敬意表達出來，主人有齋敬之心，就是要求祭祀者要秉持無所求與一心虔敬的態度。這種本質的祭祀既無所禱，就不會追究它是否靈驗，它完全是被視為子孫對祖先所應盡的一種義務，甚至可以不進一步去追問鬼神是否存在，最重要的是祭祀者要虔誠祭祀，故孔子說：「**祭如在，祭神如神在。**」因此，只要儀式的本質能夠滿足人們心理的需求，這個禮儀它自然就會被人們所接受，且代代相傳[7]。傳統儒教之祭祀禮儀之核心精神即是以虔敬、無所禱的態度，以達到報本返始、崇德報功的目的。

而在禮儀的禮文方面，傳統儒教的祭祀禮儀並不像道教和傳統民間信仰的祭儀一般，講究舞蹈肢體動作與歌樂的配合，而是以嚴肅的儀軌來表

---

5 徐福全：《臺灣民間祭祀禮儀》，再版，新竹：台灣省立新竹社會教育館，1995年6月，頁13-14。

6 徐福全：《臺灣民間祭祀禮儀》，頁14。

7 徐福全：《臺灣民間祭祀禮儀》，頁14-15。

現其莊嚴肅穆的氣氛，因此也相當排斥華麗、炫目的動作，總不出揖、讓、跪、拜等。至於在禮器方面，則隨著祭祀禮儀的規模而有所不同，其中規制最嚴格者為祭孔時的釋奠之儀，不論是祭具、祭品與祭場之陳設等，都有明確的規定。而在祭品方面，儒教祭祀時所供奉的物品種類相當豐富，葷素併陳，主要目的即透過供品之呈獻，來表達祭祀者虔敬之意，除了豬、羊等牲禮與香、花、果等之外，總以獻酒為最基本的禮儀，故儒教禮儀又稱為「獻禮」，其規模也有單獻、三獻、九獻之別，所指的即是禮儀中「獻爵」的次數。至於鸞堂的祭儀方面，則包括了獻禮與降鸞儀兩大類型。鸞堂的獻禮在形式上與官方祀典祭儀類似，主要仍是呈現莊嚴肅穆之精神，但在降鸞祭儀方面則由於降乩的行為而帶有濃厚的神秘感。

清代以前官方儒教在祭儀方面，以各文廟學宮舉行祭祀至聖先師的釋奠之儀最為隆重，除了祭具、祭品之排設豐盛，儀軌過程繁複之外，主、分祭者與執禮儀事之禮生等，也有不同的名稱，也成為民間宮廟祭祀三獻禮的藍本。清代各時期「方志」中都載有有關文廟繁複的學宮釋奠儀中，其中除了祭物、祭品、牲禮等及其排設，以及禮器、樂器等，都有嚴格的規制。而在祭儀（即「儀注」）方面，在正式進行文廟釋奠之前，要先進行崇聖祠（多設於文廟大成殿之後方）之釋奠儀。兩部分的祭儀過程序則類似，主要依次為：鼓嚴、樂舞生就位、執事者（禮生）各司其事、各獻官就位、瘞毛血、迎神、行三跪九叩禮、行初獻禮（奠帛、獻爵）、讀祝

台北孔廟釋奠大典

台北孔廟釋奠禮中的禮生

文、行分獻禮（分獻東西廡）、行亞獻禮、飲福受胙、撤饌、行三跪九叩禮、望瘞、焚祝帛、禮畢等。在行初獻、亞獻、終獻禮時，佾舞生在樂聲中舞佾舞，而除了讀祝文時樂止之外，在程序中皆配以昭和之章、敘和之章、懿平之章等聖樂。此種隆重釋奠祭儀，目前在台北、台中、台南等孔廟中仍每年舉行。

而民間宮廟在主神聖誕時所舉行的三獻禮，其過程除了省略「瘞毛血」之外，其餘與清代文廟學宮的釋奠儀過程類似，在排場上則較為簡單，且無佾舞之安排。如台北保安宮每年在陰曆三月十五日時，為恭祝保生大帝聖壽所舉行的三獻禮，其儀軌仿自台北市孔廟之釋奠禮，過程依次為：擂鼓三通、鳴鐘九響、奏樂、行三跪九叩參神禮、迎神進饌、初獻、恭讀祝文、亞獻、終獻、獻帛、化財、焚祝文、送神撤饌、望燎、送神等，全部禮儀過程費時約需一小時。這類具有濃厚傳統儒家色彩的祭典，目前在台灣除了祭孔之外，在祭祀關聖帝君、岳武穆王以及保生大帝、天上聖母、開漳聖王等聖賢之神時，皆可見到。

三獻禮迎神

台北孔廟釋奠大典前先祭崇聖祠

台北孔廟釋奠禮獻佾舞

祭、奠與釋奠

《說文解字》說：「祭，祭祀也，从示，以手持肉。」、「祀，祭無已也，从巳聲。」「禮，履也，所以祀神致福也，从示从豊，豊亦聲。」故由人們用手拿著肉（祭品）獻給鬼神的行為便稱為「祭」，這種行為要長久不輟（已）叫「祀」。後世「祭」、「祀」兩字連用變成一個詞聯，專指人們對於鬼神的供奉禮拜行為。至於「奠」的意義，《禮記•檀弓上》說：「曾子曰：『始死之奠，其餘閣也與？』」就是指祭祀新亡的鬼魂（始死），與「祭、祀」的意義有所差別。因此，「祭祀」是祭拜一般鬼神的禮儀，包含天神、地祇、人鬼（祖先、聖賢）、物魅（精怪、動植物等靈）。而「奠」則是祭拜新亡先人的魂魄，所以傳統在新亡先人出殯前最主要的祭拜禮儀稱為「奠禮」。

「釋奠」是傳統官方對於「祀典神」的隆重祭拜禮儀，為了與一般的祖先、聖賢加以區別，故稱「釋奠」。常見的祀典神如文聖（至聖先師孔子及復聖顏回、宗聖曾子、述聖子思、亞聖孟子等五聖人），武聖則有姜尚（姜子牙）、關公、岳飛等聖人。民國以後，官方的釋奠禮僅存各縣市對於孔廟的祭祀，而民間的釋奠禮則仍持續在祀典神的祭禮中，如天上聖母、保生大帝、關聖帝君、岳武穆王等。

賑濟施食「好兄弟」

漢人族群移民台灣之後，三百多年來由於歷經種種天災、疾病、械鬥等事件，造成清初以來各地都有許多死於非命而無法受子孫供奉的孤魂滯魄。由於這些因墾拓而死亡的孤魂滯魄多為無後先人的遺靈，因此基於悲憫與敬畏的心理，民間多稱呼祂們為「好兄弟」或「老大公」，每逢舉行重大祭典法會時多會特別施以賑濟超度。由於賑濟超度的對象為普遍性的孤魂滯魄，因此也稱為「普度」，在台灣以每年陰曆七月中元節期間，各地舉行的「中元普度」最為普遍。所以一到陰曆七月，台灣各地都要舉行各種大大小小的祭祀活動，來超度這些無主孤魂。由於無主孤魂無法勝數，除了清代官方的「厲祭」之外，民間祭祀、超度孤魂行為興盛。而隨著漢人族群在台灣各地的開發，也在各地發展出多樣化的中元普度活動，成為具有在地化色彩的民俗信仰活動。

中元節是台灣漢人社會十分重要的歲時節慶，俗信在陰曆七月一日「鬼門」開之後，幽冥界眾鬼即可獲准來到陽間接受世人之款待，因此家家戶戶都要進行普度，一直到陰曆七月底關鬼門為止。傳統鬼月的形式，除了普度無主孤魂、超薦祖先亡靈之外，人們亦依照俗例進行各種祈福、解罪的儀式，構成了一副「幽陽同歡」的熱鬧景象，因此民間習稱「慶讚中元」。

依照台灣民間習俗，中元節主要的祭祀對象乃是無主孤魂，也就是民間通稱的老大公、有應公

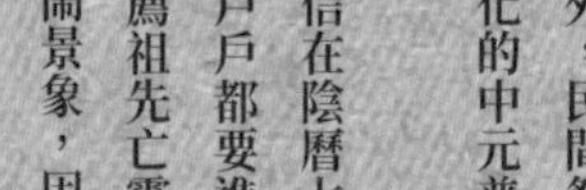

台北保安宮中元盂蘭盆會孤魂位

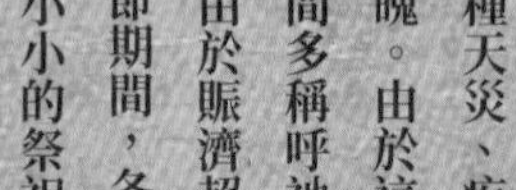

中元拜門口

新北市土城大墓公普度為土城、中和、板橋三區輪普

雞籠中元祭為十五個宗親會輪普祭典

新竹新埔劉氏雙堂屋普度

等。這種祭祀孤魂的傳統歷史相當悠久，基於漢人社會對於鬼魂和「香火」的觀念，認為「鬼有所歸，乃不為厲」，亦就是亡魂得享香火之後就不會作祟人間。因此早在先秦時期，上自天子，下至黎民百姓，即有「祭厲」的行為。漢人族群移民台灣之後，三百多年來由於歷經種種天災、疾病、械鬥等事件，造成清初以來各地都有許多死於非命而無法受子孫供奉的孤魂滯魄，所以一到陰曆七月，台灣各地都要舉行各種大大小小的祭祀活動，來超度這些無主孤魂。

隨著漢人族群在台灣各地的開發，也在各地發展出多樣化的中元普度活動，成為具有在地化色彩的民俗信仰活動。台灣的普度行為，一般可區分為「公普」和「私普」兩大類。公普或由地方上的公廟主辦，故又稱為「廟普」，或由地方團體聯合舉行，如著名的基隆中元祭由十五個宗親團體輪流擔任主普，新竹枋寮義民爺祭由十五個客家莊頭輪流擔任主普。而私普則為民家或商家、團體所進行的普度行為，其類型有家普、街普、社區普、行業普等。除了雞籠中元祭、新竹枋寮義民祭之外，台北芝山岩四角頭輪普、新北土城大墓公三區輪普、桃園景福宮十五街庄輪普、雲林虎尾分區普度、嘉義民雄大士爺祭、台南南鯤鯓代天府壇頭普、台南安平十社輪普等，都是台灣著名的普度盛會，而著名的「頭城搶孤」活動，即是昔日頭城地區公普中的一個盛大民俗活動。

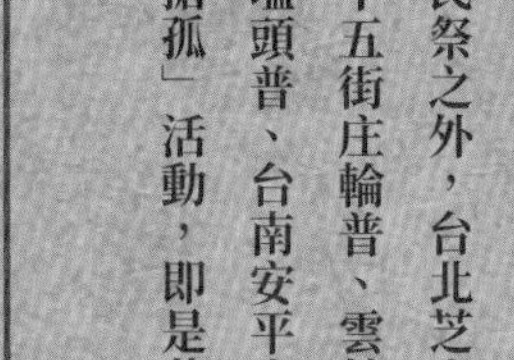

雲林虎尾中元分區普度

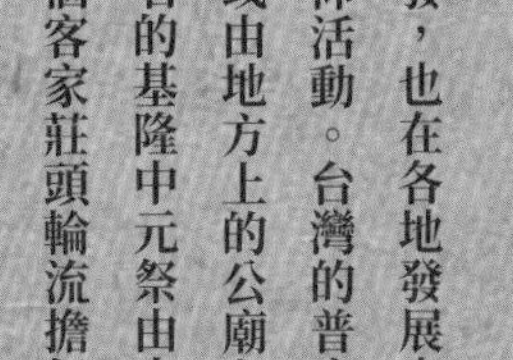

桃園景福宮中元普度

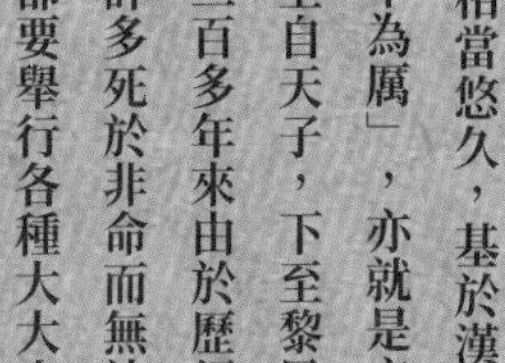

民雄大士爺祭大士爺開光

中元信仰與普度習俗的起源

漢人民間社會祭祀鬼魂的習俗起源甚早，《周禮．春官．大宗伯》載：「以冬日至致天神人鬼，以夏日至致地示物魅，以禬國之凶荒、民之札喪。」在「冬至」期間所祭祀的對象「人鬼」即指亡故的先人、祖先，而基於對於無後、無主鬼魂的悲憫心理，在祭祀祖先之外也旁及這些鬼魂，形成歷史上祀鬼的傳統。

耙梳中國歷代文獻可發現，最晚在清代初期就已形成每年三次祭祀鬼魂的習俗：清明、中元、陽月碩日（十月初一日），也被稱為三大鬼節，而清代官方也典制在這三節進行祭祀，稱為「厲祭」，其中以中元節的祭祀最為隆重，在台灣民間由於形成角頭輪祀（普）的習俗，故陰曆七月也被稱為「鬼月」。而中元節祭祀鬼魂的的習俗，除了以官方為主的儒家式厲祭傳統之外，主要還是來自於傳統佛、道信仰的影響。

鬼魂信仰與儒家祭厲傳統

漢人社會自古即特別講究「香火」觀念，因此在「不孝有三，無後為大」的思想下，無嗣而死亡者就可能會成為無主、無祀的孤魂，進而可能對於家族或社會造成危害。其次，也在「生死事大」的觀念下，漢人社會

艋舺龍山寺中元普度為艋舺地區重要公普祭典

特別注重人的命終狀態，認為凡是非自然死亡者，若沒有經過一定儀式的處理，也可能因此而變成威脅世人安危的厲鬼。基於畏懼與仁厚的雙重心理，以及傳統「鬼有所歸，乃不為厲」的文化信仰，漢人社會對於孤魂滯魄採取特別慈悲關懷與謹慎擇期祭祀的方式，希望達到合境平安、家宅安寧，因此就形成自先秦以來對於厲鬼的祭祀傳統。台灣漢人社會源於昔日在艱辛墾拓過程中導致許多先民罹難，所以對於無主孤魂的祭祀也就特別慎重，在各漢人聚落多有建立「厲壇」，並由官吏主導進行「祭厲」的傳統，而民間也普遍為這些無嗣而死亡的先民立祠祭祀，這種祭厲傳統也形成中元節行事的一個相當重要的內涵。

道教三元信仰與齋儀傳統

道教自東漢末年創教以來，就有以「三官手書」來祭祀天、地、水三官，以祈求賜福、赦罪、解厄的祭祀傳統，後來逐漸發展為上、中、下元的「三元」信仰，即「上元一品賜福天官紫微大帝、中元二品赦罪地官清虛大帝、下元三品水官解厄洞陰大帝。陰曆七月十五日為「三元」之一的中元節，是三官大帝中的地官大帝誕辰，在道教信仰中，這一天也是地官下降考校人間禍福的日子，從唐代以來，漢人族群都會在是日延請道士誦經為自己和家人懺悔解罪，並為已故先人及無主孤魂舉行超度，由於帶有

基於「鬼有所歸，乃不為厲」的信仰，建立義塚同歸所以葬無主枯骨（台北芝山岩）。

大稻埕慈聖宮舉行道教慶讚中元祭典

三官大帝以天官居中，右為地官左為水官（台北關渡宮）。

為地官大帝祝壽的目的，故民間習慣說「慶讚中元」。在解罪儀式中，經常誦唸的經典有《三官寶經》和《三元寶懺》，信眾還必須進行身心齋戒，這種恭對神祇進行懺悔的行為，後來即演變成為道教中盛行的齋儀傳統，也成為中元祭典的主要精神內涵，台灣較為盛大的中元普度祭典中，都具有這種濃厚的解罪思想。

佛教盂蘭盆信仰與超薦傳統

佛教傳統多在陰曆七月十五日中元節當天，舉行「盂蘭盆會」的齋儀。「盂蘭盆」為梵語的音譯，其原義為「在缽中放置供品施供祖先，以解救祖先免除地獄倒懸之苦」，而後發展成為盂蘭盆會，民眾在這天延請僧侶誦經超度祖先，並舉行施食孤魂滯魄的法事。盂蘭盆會起源於古印度僧侶「結夏安居」的習俗，七月十五日當天即是三個月閉關期滿的日子，是日所有出關的僧侶都要公開接受指摘並懺悔過失，然後換上新的袈裟以代表新生，佛教徒會在此時舉行供養僧侶的「齋僧」儀式，而僧侶則為信徒誦經祈福並超度七世祖先。唐代以來隨著《盂蘭盆經》中「目連救母」故事的廣為流行，再加上宋代「水陸法會」普度孤幽的普遍舉行，並結合《焰口經》施食餓鬼的斛食科儀，盂蘭盆節逐漸本土化，民間就在中元節定期以水陸法會來超度祖先，並舉行「放焰口」儀式以施食孤魂餓鬼，成為漢人社會中重要的年中祭典行事。

《焰口經》圖
「阿難啟請救苦」

《焰口經》圖
「觀音示現面然」

台北保安宮中元舉行佛教盂蘭盆會

台灣的普度習俗與類型

台灣漢人社會在艱辛的開發墾拓的過程中，無數的先民或死於地震、洪水等天災，或死於集體性的瘟疫流行，或死於戰亂與族群之間的械鬥事件，因而產生了許多孤魂滯魄。這些被民間暱稱為「好兄弟」，或是大眾爺、萬善爺、有應公、老大公之類的孤魂，往往在民間信仰中被視為可能成為作祟人間的厲鬼，因此每到鬼月之時就要加以祭祀，因而形成全臺普遍興盛的普度習俗。台灣的中元普度的祭祀行為，隨著各地方社會條件之不同而形成不同類型的普度形式，一般可區分為公普和私普。公普通常在地方信仰中心的寺廟舉行，又稱為廟普；私普是民家或各團體所進行的普度，依照主事者之不同而又有家普、街普、行業普，以及當代都會地區特殊的社區普等。早年的普度依照各地的時間分配於整個七月中，如鹿港地區昔日就有不同角頭分別於不同日子普度的習俗，後來因為政府的規定，才多集中於七月十五日中元節當天。

士林外雙溪萬善堂有應公祠

台灣每到陰曆七月，各地都有類型不一的普度行事，規模較大的普度祭典有時可以持續一整個月，而核心的祭典儀式也多持續二天以上。這類大型的普度祭典，或由地方上不同的宗親團體輪流擔

基隆中元祭迎斗燈遊行

任主普，如著名的基隆中元祭，或由祭祀圈內的各個莊頭輪流擔任主普，如新竹枋寮義民廟的義民爺祭。而在祭典的宗教儀式方面，除了以豎燈篙、放水燈來招引水、陸兩界孤魂前來，並施以普度賑濟之外，也要在儀式中進行敬三界、誦經懺等禮敬三界諸神、祈求解罪等科儀，基隆中元祭中甚至加入迎斗燈的祈福活動，而台灣北部地區特別注重放水燈的遊行活動，也形成如基隆中元祭中嘉年華會式的熱鬧節慶。其次，隨著各地方民俗的差異，在普度祭典的諸多儀式中逐漸發展出不同的特色，如台北保安宮、新竹南壇大眾爺廟的牽轙儀式，雲林口湖在陰曆六月為清代死於水難者所做的牽水轙儀式，以及屏東恆春和宜蘭頭城的搶孤儀式等。

台灣的普度祭典行事

由於台灣各地普遍重視陰曆七月的普度，中元普度也成為各地方「公廟」或是庄頭、地區的重要年例活動，每年屆中元期間都要舉行盛重的祭祀，其祭典規模小從半天或一天的普度，大到一整個陰曆七月期間都有大大小小的祭祀活動。台灣民間大型的中元普度活動，其核心的祭典科儀可以連續舉行二至三日，主要的科儀行事有豎燈篙、放水燈、謝三界（拜中元公）、誦經懺、普施化食等，而有些地區也發展出較為特殊的超度儀式如牽轙，也成為一類特殊的中元映象。

台北保安宮牽轙儀式法會

新竹南壇大眾廟牽轙法會

豎燈篙

台灣民間在舉行大普度祭典和醮典時都要先行豎燈篙，目的就是要召請三界神祇前來賜福，並招引十方男女無祀孤魂滯魄前來接受普度，所以燈篙是祭典期間十分重要的標幟。豎立燈篙多由宮廟內經驗豐富的執事人員負責，依照慣例挑選合格的竹材，以高大挺直、竹色青綠且末梢完整的刺竹為佳，並需有頭有尾，在擇定吉日良辰後，入山採取運回，名為「燈篙竹」。燈篙通常豎立於寺廟或法壇前，祭典期間每日供祭。燈篙的數目各地不同，其中主要的為天篙與地篙；天篙對天界、陽界諸神，而地篙則對幽界孤魂。燈篙豎好固定後，糊上符令、天金紙，裹以草蓆，包上紅布，以保持潔淨。「豎燈篙」儀式，是在天篙之上懸掛天燈、天旛，用以象徵青天，在地篙之上懸掛地旛及七星燈、七層幢幡，召請陰界的孤魂滯魄前來。祭典結束之後，還要舉行謝燈篙儀式，分別降下燈篙上的燈、旗，因此燈篙也是祭典起迄的重要標幟。

中元普度豎燈篙懸掛七星燈以指引孤魂（台北保霞宮）

台北保安宮中元普度豎燈篙

放水燈

放水燈儀式通常在舉行大普度科儀的前一天下午或夜間舉行，主要的目的是要招引水面的孤魂上岸接受普度。放水燈之前，祭典主辦單位會為每一位頭人準備一座專屬的水燈頭，水燈頭通常作小型紙厝造型，前方開一門以利在水燈頭內點燃燭火，後方寫上各頭人或寺廟的名諱，兩側則書寫慶讚中元、普度陰光，下方用竹筒、香蕉欉或保力龍板承接，以利漂浮於水面上。放水燈時各人手捧專屬的水燈頭，在前導車開道之下來到水邊，由道長先進行簡單的招魂儀式，然後即點燃水燈頭內的蠟燭，放流於水面上，以接引水面孤魂上岸接受普施。民間相信水燈漂得愈遠，水燈頭的主人也會獲得更大的福氣，所以放水燈的儀式也備受重視。尤其北台灣地區特別重視放水燈，經常舉行盛大的遊行，並有各式陣頭參與其間，形成嘉年華會式的民俗活動，著名的基隆中元祭就是以放水燈遊行最受矚目，每年都造成萬人空巷的盛大場面。

敬謝三界

中元節是道教三官大帝之一的地官大帝的誕辰日，所以台灣民間在舉行中元普度時，都要在祭典中盛重地進行敬謝三界的儀式，民間俗稱為拜

新北土城大墓公中元普度放水燈

桃園景福宮中元普度放水燈暨水燈排

天公。敬謝三界時要先在露天處或屋外走廊下排設三界桌，通常區分為頂、下桌，各使用兩張八仙桌組成，頂桌桌腳用長板凳墊高，桌腳各墊金紙一疊以示尊重，桌面上排設三座紙糊天公座，以象徵三界公蒞臨之位，以及紅牽、紅圓、麻粩、麵線、湯圓等素食供品，兩側綁上一對帶頭尾的甘蔗，以象徵有頭有尾的吉祥意義。下桌則擺設三牲、酒醴鮮花、素果等供品，以供奉三界公的從屬神祇。有時也會在兩側各供奉全豬、全羊，以

北投慈后宮慶讚中元敬謝三界

以三界公燈座象徵三官大帝之寶座

中元敬三界之牲豚在普度時供奉孤魂

示對於三界公的虔敬。拜天公儀式中由道長帶領頭人向上蒼宣誦載有所有頭人名字的疏文，以祈求賜福、赦罪；隨後由隨拜的主要頭人代表恭向三界公卜筶，若獲得聖筶即表示三界公神靈歡喜。最後即向三界公行奠酒、三跪九叩大禮，火化天公座及金紙。

誦經拜懺

中元節是道教信仰中地官大帝下降考校人間禍福的日子，所以漢人社會多會在這一天延請道士進行誦經拜懺的儀式，來為家人和祖先向地官大帝祈求赦罪，並借此獲得三界神祇之賜福。經、懺都是代表三界神祇高真的垂示之言，經文重在祈福，而懺文則重在解罪，在信仰觀念中，人要先進行懺悔然後才能獲得神祇之賜福。所以經、懺為互補的一體兩面，而佛、道二教的重要經典也常成為昔日民間為人處事的重要規範，民間相信在儀式中禮送這些經、懺文，一方面可以借此修養心性，另一方面也可以獲得神祇之賜福，故誦經、禮懺就成為宗教信徒主要的修行方式。在普度祭典中佛、道二教所禮誦的經懺各有不同，道教通常以三官寶經、三元寶懺為主，佛教則以三昧水懺、梁皇寶懺等。誦經禮懺時，信眾也要持香跟隨在法師身後隨拜，而為了增加儀式的變化性，多會在儀式中配合許多唱讚、音樂，以使信眾融入前境的心情。

虎尾中元普度祭典中法師誦經，信眾隨拜。

牽藏

牽藏是台灣民間一種較為特殊的招魂祭祀的儀式，具有濃厚神秘感，通常在大普度前舉行。「藏」是一種紙糊圓柱形的法器，高約四尺左右，中央用一根竹竿貫串，藏身通常區分為三層，外圍分別糊貼城隍、土地、五鬼等小型紙像，下方用一只倒蓋的碗支撐，上方則用竹架撐起以利轉動。其類型可區分為血藏和水藏兩種，前者主要在超度死於難產血崩的婦女或死於車禍者，後者則在超度死於水難者。牽藏儀式進行時先由亡魂的家屬加以祭祀，然後由道長進行起藏，一一轉動藏身，稱為轉藏。經過一番轉動之後有時亡魂會附在家屬身上，以述說其未完的心願，然後由家屬加以祭祀。儀式最後則由法師進行倒藏，由道長手持寶戟將藏一一打倒，最後再將藏集中加以火化結束儀式。較大型的牽藏儀式有時還會先進行頒赦儀式，由法師代表請求大乙救苦天尊（道教）為亡魂頒下赦書（佛教請地藏王菩薩），以赦免其生前罪愆，然後才進行轉藏。

雲林口湖牽水藏法會

台南市關帝殿在中元黃籙齋中進行頒赦

普施化食

普施儀式是普度祭典的核心，目的在將信眾所準備的各式供品施予孤魂享用，並在儀式中為孤魂講經說法，以超度祂們往生生方或西方極樂世界，不再停滯現況而受地獄塗炭之苦，表現出陽間信眾對於孤魂滯魄的慈悲、關懷之情。因此，在普施儀式開始之前，寺廟、民眾都要事先準備各式豐盛的供品，陳列在普施法壇之前，來祭祀孤魂滯魄，稱為普度法筵，更盛重者甚至要將先前拜天公的神豬、神羊一起陳列以享孤魂，這也是民間所俗稱的「孝孤」。普施儀式進行時，道長需先對所有供品一一進行灑淨，隨後來到大士爺之前進行招引孤魂，然後登上普施臺向孤魂進行施食、說法。施食時道長要用變食咒將供品一化十、十化百、百化千，以供孤魂享用，同時將供品一一向台下投擲，通常也引起民眾的搶奪，就是民間俗稱的搶孤。有些地方習俗在普度之後還要進行跳鍾馗押孤儀式，以使未得超度的孤魂滯魄返回陰間地府。

中元普度孝敬孤魂之孤飯

南鯤鯓代天府中元普度大開孤筵孤筵

為什麼要搶孤？

「搶孤」即是在賑濟孤魂科儀的末段中，信眾進行搶奪施食供品的行為。由於佛教重視施食「餓鬼道」的影響，台灣的普度也大多重視在賑濟的儀式中以法食普施孤魂，在主壇的道士或法師召請各類孤魂來臨之後，即向台下拋灑各種可時的孤食，以米飯為主，其次為饅頭、包子、糖果、餅乾、水果，以及冥財（銀紙）、錢幣等。由於台灣民間俗信取得這些施給孤魂的食物、冥財可以獲得庇佑，故施食時往往引起台下民眾搶奪，稱為搶孤。

以生蔬孝敬孤魂取其諧音「生疏」

中元普度道長化食賑濟孤魂（南鯤鯓代天府）

宜蘭頭城中元祭典鍾馗押孤

在閩台某些區域內，在普度時會在廣場上設置一座高棚，棚上供奉各式孤食，尤其是以綁有各種地方特產、作竹筍長椎狀的「棧（栫）」最受矚目，也引發民眾爬上孤棚搶奪。日治時期以前，各地有搶孤習俗的普度祭典，為了維持儀式的秩序，在施食儀式將結束或結束之後，才鳴鑼准許信眾攀爬孤棚，後來才演變成競賽型的搶孤活動。這種高台搶孤活動由於具有很高的危險性，在清代與日治時期經常被官方禁止，因此在戰後許多地方也因此不再舉行，目前僅剩宜蘭頭城、屏東恆春等極少數地方還持續進行。

搶孤原為台灣傳統普度儀式中常見的信眾行為，其原始意義是希望藉由信眾與搶奪行為所聚集的陽氣，來壓制因為召請大量孤魂所帶來的陰氣，尤其是以未婚的童男陽氣最盛。後來學術界有理論認為，搶孤具有透過由人扮演惡鬼，藉由搶奪行為以嚇退孤魂的儀式意義，其說亦成理。在昔日經濟條件較差的年代中，普度施食原有賑濟貧民的社會功能，亦即將普度供品分給貧窮者，迄今仍普遍有普度後將供品（尤其是白米等物資）送給慈善單位以接濟孤貧的情形。戰後江浙地區漢傳佛教傳入台灣之後，他們認為孤食是要施給餓鬼道眾生，故不可與之搶奪，或是在落地之後才可撿拾，因此許多佛教道場並不允許信眾搶孤。

宜蘭頭城中元祭普度後進行高台搶孤

送瘟出境求平安

在昔日現代醫學不發達的年代裡，人們將生活中一些造成大規模感染的傳染性疾病，如鼠疫、痢疾、霍亂等統稱為「瘟疫」。由於先民們不瞭解這些傳染性疾病主要是由細菌、病毒所引起，往往將其視為超自然力量所致，認為乃是天上所派遣的瘟神來散發瘟疫、懲罰世人，因此才會造成大規模的罹病、死亡。為了消除瘟疫所帶來的威脅，先民們就向這些上天派來散發瘟疫的「瘟神」祈求，請祂們收回瘟病並將境內的疫氣給帶走，而這些在人們心目中職司「散發瘟疫」的瘟神，就逐漸演變成兼具有驅瘟逐疫與監察善惡信仰的「代天巡狩」王爺、千歲爺，並發展出送王船的儀式，以祈求王爺將境內的瘟病疫氣帶離，也形成南台灣十分興盛而深具特色的迎王習俗與王船文化。

南台灣的鄉民們對於具有威嚴神格的王爺公，總難免有一種敬畏交加的情愫，同時在歷史軌跡的推衍下，更發展出許多神話傳說，也使得王爺公們蒙上一層神祕的面紗。不管是為了拯救村人免於瘟疫災難而投井犧牲自己性命的五位少年書生，或是不忍世人遭受瘟疫荼毒而吞服瘟藥升天的仁心神差，或是因為唐太宗一時戲言失策而被張天師所誤殺的三百六十名新科進士。這些神祕而又瑰麗的神話傳說，骨子裡還是反映了台灣先民們對於墾殖南台灣這塊土地的不安情愫，以及對經常流行於亞熱帶地區，每每催折無數生命的「瘟疫」之恐懼感。

為了消除「瘟疫」所帶來的不安與恐懼，在廣大的南台灣地區各角落中，人們一方面建立了無數的王爺廟，供奉著具有驅瘟逐疫職司的千歲爺，另一方面也透過一次又一次的迎王祭典，盛大且敬謹地祭祀千歲爺，並建造華麗的王船，以祈求代天巡狩的千歲爺，在接受了信眾們敬獻的豐富宴席與演戲娛樂之後，也聆聽人們發自內心底的期望，快快將境內的瘟病、疫氣驅送離境，好讓人們能過著安居樂業的生活。

《三界源流搜神大全》中的五瘟神像

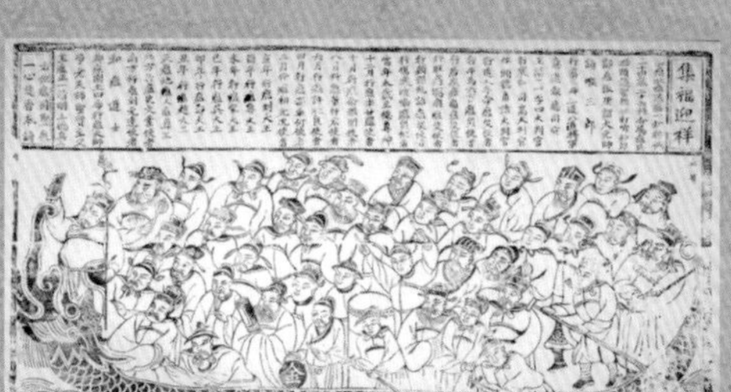
清代送瘟版畫右幅

清代送瘟版畫中記載各類瘟神

台灣的王爺信仰

台灣地區的王爺信仰相當興盛，隨著漢人移民的開發墾拓，三百多年來已成為台灣地區饒具鄉土特色的神祇信仰。民間神話傳說中的王爺公，人們或尊稱為千歲爺，是具有驅除瘟疫、保境安民職能的守護神，更是天上玉皇大帝派來人間，監察民情善惡的「代天巡狩」之神。為了消除「瘟疫」所帶來的不安與恐懼，在廣大的南台灣地區各角落中，人們一方面建立了無數的王爺廟，供奉著具有驅瘟逐疫職司的千歲爺，另一方面也透過一次又一次的迎王祭典，盛大且敬謹地祭祀千歲爺，並建造華麗的王船，以祈求代天巡狩的千歲爺，在接受了信眾們敬獻的豐富宴席與演戲娛樂之後，也聆聽人們發自內心裡的期望，快快將境內的瘟病、疫氣驅送離境，好讓人們能過著安居樂業的生活！

王爺信仰的類型

台灣地區王爺廟的數量眾多，所崇拜的王爺類型也相當多元，有關王爺的神格及其職司，歷來在學術界也各有不同論述。目前學術界對王爺傳說的解釋，第一種是較為狹義的，認為王爺是鄭成功父子及其部屬的影射、轉化。這種說法最早由連橫在《台灣通史》卷二十二〈宗教志〉裡提

民間俗信千歲爺為監察善惡民情的代天巡狩之神

木造王船（雲林口湖地藏庵）

紙紮王船
（新北淡水忠義宮）

出。連橫認為在清領時期，台灣居民基於感念而又不敢公開崇拜鄭成功，因而在清廷的高壓下假借王爺以祭祀故主。而當代歷史學者蔡相煇教授就根據連橫的說法，認為王爺信仰及相關的代天巡狩、送王船等，都是台灣人為了懷念鄭氏，並演為儀式行為。[1]近年石萬壽教授，也採信其部份說法，認為三老爺系統的朱王爺為鄭成功，而一般王爺仍為瘟神。[2]不過這種論述的涵蓋性較低，實在無法周延地解說所有的王爺神話。

第二種為英靈王爺，就是《禮記．祭法》所說的「有功烈於民」的祀典諸神。由於生前有功業，成神後又有靈顯，其職司即是安民護境，在民間被崇奉立廟、或被迎請駐蹕王府者，就是為了獎善懲惡，並驅送瘟疫、邪祟。如著名的東港東隆宮，其主神溫府千歲就較接近於「英靈王爺」，即是驅送

台南鄭氏家廟鄭成功像

1 蔡相煇，1989，《台灣的王爺與媽祖》，頁43-62。台北：臺原出版社。

2 石萬壽，1979，〈重興蔦松街三老爺宮碑記自註〉，載於《南瀛文獻》第24期，頁39-47。

瘟疫諸鬼的守護神。

第三種則為瘟神說，較早被提出且廣為流傳。自從日本人類學者前島信次提出瘟疫神及送瘟風俗之後，就成為較具影響力的論說。日治時期本土民俗研究前輩曾景來，也曾綜集不同的傳說加以歸類，從冤靈、怨靈說加以闡釋。隨後民俗學者劉枝萬博士又持續對台灣的瘟神信仰、瘟神廟作廣泛的考察，並選用南鯤鯓代天府的五府王爺、台南縣西港鄉瘟醮祭典兩起個案，分析其為瘟神廟、瘟王的神格特質，成為目前較普遍被認同的說法。其主要論點是：瘟神的原始型態是死於瘟疫的厲鬼，其信仰為一種較素樸的靈魂崇拜，經歷了不同階段的演化後，演變為逐瘟之神、護航之神，並擴大其職能為醫神、保境安民之神、萬能之神。[3]這種解說王爺傳說的論述，在學術界頗具影響力，也較合乎南台灣地區對於王爺信仰的普遍認知。

瘟神信仰的源頭可追溯自古代人們對於瘟疫的看法，就是將流行於人間、兼具烈性與急性的各種傳染病通稱為「瘟疫」，有時也單稱「瘟」、「疫」。因為這種傳染病的發作和傳染都相當快速，又往往造成大規模的集體病、亡，人們對它恐懼至極，卻又無法抗拒，因此就認為是超自然界神鬼力量的作用，而有瘟神、疫鬼佈散瘟疫的說法。

3 劉枝萬，1983，《臺灣民間信仰論集》，頁 232-234。

南鯤鯓代天府五府千歲像

瘟神王爺的三個子系統

瘟神王爺在早期普遍都有一個共同的特徵，就是只稱其姓而不稱其名，也就是只稱「某府王爺」或「某府千歲」。依照崇奉性質的差異，又可區分為暗訪王爺、十二瘟王、五瘟神等三個子系統。暗訪王爺為鹿港地區的王爺信仰特色，亦即透過夜間的巡查，來防止邪祟入侵人間，近來已演變為當地著名的民俗觀光節慶；台北艋舺的青山宮，也有青山王每年固定出巡進行暗訪的習俗，是台北市重要的廟會活動。

十二瘟王即前述所說的瘟神王爺，乃是根據地支年所形成的值年瘟神，亦即《道藏》中所說的「十二年王」：子年張全、丑年余文、寅年侯彪、卯年耿通、辰年吳友、巳年何仲、午年薛溫、未年封立、申年趙玉、酉年譚起、戌年盧德、亥年羅士友。這些值年瘟神較少被建廟供奉，多以「客王」的型態在迎王祭典中被祭祀。由於民間並非每年舉行大規模的迎王祭典，因此又有三年舉行一次的三年王爺，和四年舉行一次的五年王爺。三年王爺祭典盛行於台南地區，每三年舉行一次，每次迎請三位千歲爺，當年的稱為大千歲，前一年為二千歲，後一年為三千歲。不過屏東東港地區的三年王爺祭典則每次迎請五位王爺，以值年王爺稱為大千歲，其餘分別為二千歲、三千歲、四千歲和五千歲，且僅有大千歲具頭銜、姓氏。而雲林褒忠馬鳴山鎮安宮的五年千歲，也是十二瘟王崇拜，四年舉行

鹿港王爺暗訪喊班

艋舺青山王遶境

千歲爺紙像（雲林口湖地藏庵）

一次大型祭典，但因民間忌諱「四」數，因此就將前一輪和後一輪祭典所需年數頭尾相加，合稱為五年千歲，舉行祭典時稱為「五年到」，為地方信仰大事。

五瘟神系統的起源即前述「五靈公」信仰，唐宋時期即流傳於長江以南的濱海地區，後來在福州地區轉化為「五福大帝」信仰，並被漢人移民帶來台灣。其中由五瘟使者故事演變為前述所說的三十六進士或三百六十進士集體死亡的傳說，最後成為台灣王爺信仰主力的五府千歲信仰。

綜觀之，台灣泛稱王爺的神祇之所以數量眾多，主要還是源於人們對於神祇系譜的認知，就如同帝制時期皇朝的階級體系，在帝、后級神祇之下就是王、妃級神祇，因此歷來許多生前有功於社稷鄉里，或是傳說中保護人民的男性神祇，經過敕封之後即可晉昇王爵成為王爺。不過在台灣民間信仰中，「千歲爺」一詞還是多指瘟神王爺而言，這類王爺也因台灣特殊的地理環境與文化背景而蓬勃發展，成為台灣王爺信仰的大宗。

台南元和宮五福大帝

瘟神信仰神格的演變

在人類文明發展初期，對於具有支配人類生命安全的神奇力量，產生畏懼之感並加以崇拜，乃是原始宗教的主要起源。死亡、鬼魂、天地、日月、山川、動植物及其相關的各類神祇，在人類還無法理性解釋它們的存在時，便透過人間求索報償的行為，推衍而為祭祀形式，來和這些鬼神溝通。[4]台灣對於瘟神王爺的奉祀，正是從畏懼而加以祭祀、祈求，復轉化為守護神的信仰心理。

根據古代經典描述，瘟神最早乃是職司瘟疫的流行，然而隨著歷史的嬗遞，瘟神信仰在神格方面也產生極大的轉變。民俗學者劉枝萬曾將台灣瘟神信仰的發展，區分為六個階段：第一階段瘟神即散瘟歿民的疫鬼本身；第二階段為取締疫鬼，除暴安良之神；第三階段因瘟神與海洋文化的發展，息息相關，遂被賦予保護航海平安的海神功能；第四階段為醫神，是由驅瘟逐疫的功能，更進一步延伸滿足人民的需求；第五階段是保境安民之神。第六階段是萬能之神。[5]

以台南縣曾文溪流域三年一科迎王祭典所請、送的王爺來說，雖然

4 黃清連，2005，〈享鬼與祀神〉，收錄於蒲慕州編《鬼魅神魔——中國通俗文化側寫》，頁 180。台北：麥田出版社年。

5 劉枝萬，1983，《台灣民間信仰論集》，頁 232-234。

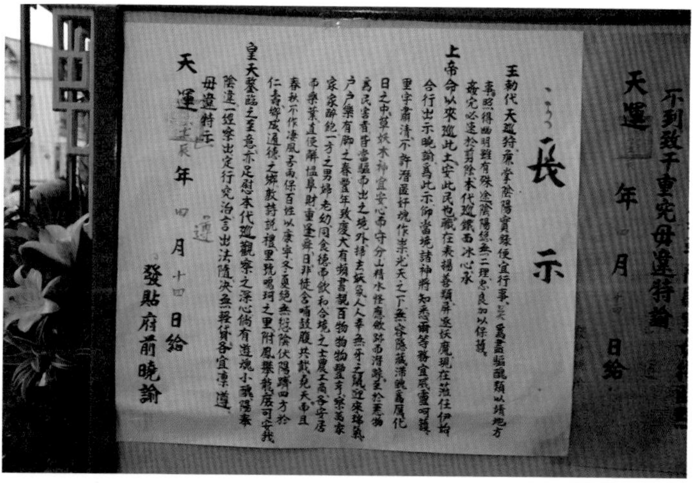

西港香請王後張貼榜文

以五毒桶收瘟
（新北五股聚龍宮送瘟）

新北五股聚龍宮送船逐疫

仍保持著未固定供奉的「瘟神」性質，但在神格轉換上則一如劉枝萬所列的六個階段，從早年的行瘟之神轉變成為近代的送瘟之神，甚至是保境安民的萬能之神。一般信眾對於千歲爺的信仰，也從早年的「敬畏特甚」，轉變為今日的敬而不畏；而迎王祭典的氣氛，更從早年的神祕、嚴肅，演變為近代的熱鬧、歡樂，這從王爺出榜的道德勸說榜文（長示）、王爺遶境時信眾的祈求平安，以及西港仔香送王時的搶鯉魚旗等情形即可一窺端倪。

瘟疫所引起的人間災禍，在往昔醫藥不發達的社會中，確實造成相當巨大的影響。尤其台灣在明清土地初墾階段，不時侵襲全臺的風災、地震，再加上亞熱帶溫潤潮濕的氣候，每每造成鼠疫、霍亂、瘧疾等傳染病流行，侵奪居民的生命、健康，甚為嚴重，這類災情我們可以從早期的史料中一窺端倪。

正由於瘟疫所引發的集體死亡往往造成民間社會的恐慌，因此主導瘟疫的瘟神也倍受人們畏懼。瘟神也就在人們畏懼特甚的情緒下，慢慢成為民間信仰中地位崇高的神祇，因此而有「瘟王」、「王爺」、「千歲爺」的尊稱，除此之外更賦予「代天巡狩」的職能。也就是說瘟神王爺

東港平安祭典千歲爺住駕代天巡狩

的職司，乃是代替上天來人間進行「巡狩」任務，奉玉帝之玉旨監察人間善惡，而其手段便是以施行瘟疫來懲戒作惡的世人。

台灣各地主祀王爺的宮廟，多有名為「代天府」者，或是在殿堂之中常見掛有「玉旨」、「代天巡狩」之類的匾額。在東港王船祭的請王儀式中，負責迎奉大千歲的轎班，在「神筆」（抬神轎的轎槓）降乩時，在沙盤上所書寫的文字為「奉玉旨代天巡狩〇（姓）」；而台南西港等地的王醮祭典中，在各種疏文裡，也多標明「代天巡狩〇（姓）千歲」。因此，「代天巡狩」便成為瘟神王爺最鮮明的頭銜和職司，在民間信仰的認知中，王爺、千歲爺即是奉玉帝之旨，前來人間代理玉帝進行「巡狩」之職的欽差之神。

台灣的王船文化

在台灣眾多祭祀王爺的廟會祭典當中，一般來說以在祭典中有舉行「送王船」儀式者最受矚目，一般民間多通稱為「王船祭典」或「燒王船」，盛行於嘉義至屏東一代的西南沿海地區。在這些地區的王船祭典中，一般公認較為著名而具有代表性者，以屏東東港的「迎王平安祭典」與台南西港的「王醮刈香祭典」為主，並稱為「南東港、北西港」。兩大王船祭典都在每逢地支年丑、辰、未、戌，三年舉行一次，稱為「三年一

西港香刈香遶境

東港平安祭典遷船遶境

科」，兩者各具特色，都各是南台灣王船信仰的典型之一。

船是古代重要的交通工具，在傳統宗教儀式中即轉化為引渡靈魂和遣送邪煞的法物，因此在驅送瘟疫時，就成為遣送瘟神疫鬼的法船。閩臺地區在進行送瘟疫儀式時，習俗上要懇請代天巡狩王爺押送瘟神、疫鬼離境，因此王爺所乘坐的法船，習慣上稱為「王船」，也逐漸發展出造船送瘟的特殊王船文化。

台灣南部各地有關迎王的活動，多以請王始而以送王終，其間主要的活動都與千歲爺前來「代天巡狩」有關，包括王府內的祀宴、境內的遶境，尤其是最後乘坐王船的「遊天河」（或遊地河）。這些王船被送入海中，到處巡遊，其「代天巡狩」的任務一方面是接受血食祭拜，另一方面則是王船所及，風濤平靜，造福地方。「巡狩」制度乃是古代天子宣揚德威、巡視疆域的大事，其政治意義為彰顯統治者對於王土、王民的巡察。在宗教信仰上，諸千歲爺的代天巡狩也有宣揚神威、綏靖宇內的神聖意義。

早年信眾緣於對瘟神王爺的畏懼，相關祭典多呈現被迫舉行的現象，而祭典目的主要是為了驅除瘟疫，所以建王醮、添載並大舉宴席加以祭祀。但隨著人們對千歲爺信仰的改變，迎王祭典的性質也漸由「逐疫」轉變為「祈福」，希望藉由千歲爺的降臨賜福人間。

關於台灣民間送王船習俗的史料，目前已知最早的記載是清康熙五十六年（1717）陳孟林修《諸羅縣志》〈卷八·風俗志〉：

新北五股聚龍宮送瘟船遊天河

斂金造船，器用幣帛服食悉備；召巫設壇，名曰王醮。三歲一舉，以送瘟王。醮畢，盛席演戲，執事儼恪跽進酒食；祭畢，乃送船入水，順流揚帆以去。或泊其岸，則其鄉多厲，必更禳之。相傳昔有荷蘭人，夜遇船於海岸，疑為賊艘，舉砲攻擊，往來閃爍；至天明，望見滿船皆紙糊神像，眾大駭；不數日，疫死過半。近年有輿船而焚諸水次者，代木以竹，五采紙褙而飾之。每一醮動費數百金，少亦中人數倍之產；雖窮鄉僻壤，莫敢怯者。

類似的記載亦見於康熙五十九年（1720）陳文達修的《台灣縣志》〈卷一．風俗雜俗〉中，是目前台灣各地送王船的早期實況。

文中提到台灣南部地區早期的王醮為每三年舉行一次，現在許多地方也還維持著這種傳統，如屏東東港和台南西港，這主要源自王爺生前為「進士」，由於古代每三年正式科舉取士一次（稱為正科），所以王船祭典也稱為「三年一科」，而且以所舉行的科年名為「○○正科」。其次，舉行王醮祭典前，必須先向信眾募款來建造王船，王醮結束時還要為王爺備上盛大的酒席、演戲祭祀，即民間所稱的「宴王」儀式，隨後才舉行送王船儀式。

早期送王船的方式，是將木造王船放流於水面上，即民間所稱的「遊地河」；後來在清初時期才以燒王船的方式來送王，地點則多在水岸邊，

基隆社靈廟王船巡行基隆港

小琉球平安祭典王船添載

稱為「遊天河」，而遊天河所用的王船則以糊紙製作，燒木製王船的作法則是近代才有的事。此外，每次興建王醮所需花費，少說都是中等人家數倍的家產，但一般村民依然不惜耗費鉅資，就是為了求得平安的基本願望。

文中最吸引人的描繪是關於荷蘭人遇到王船的傳說，十分鮮活。明末時期荷蘭人曾佔領安平一帶，作為海上貿易的基地，但當時中國東南沿海地區常有亦商亦盜的海船出沒頻繁，如鄭芝龍、顏思齊等都是這類縱橫台灣海峽的梟雄。因此，當荷蘭人夜間在海上遇到王船，由於視線不清，竟誤認王船為海盜船，並開炮攻擊，直到天明後，才發現滿船都是紙糊神像，眾人大驚之下，不數日就感染瘟疫而死亡大半。事實上，由疫區所放流的王船，難免帶有許多瘟疫病毒，因此才流傳王船漂著靠岸的地方，也多會發生瘟疫；但先民認為是行瘟使者奉命來傳播瘟疫，依例都要再度舉行醮典、大加祭祀之後，才能將瘟疫送走。因此文中荷蘭人死亡大半的傳說，固然有受到驚嚇的心理因素影響，但也難保不是受到瘟疫感染所致。

晚近方志的送王船紀錄，就是日治時期《安平縣雜記》中所記載的白龍庵送瘟船。由其中〈風俗志〉的描述，可發現清代時，本地送王習俗中所用的船多有木造的，以送流於海的「遊地河」

台南保西代天府王醮送王遊天河

方式送船；不過同時期也有以紙糊方式造船，而採焚於水次的「遊天河」方式送船。但類似的記載，幾乎都只出現在澎湖或台灣南部的方志中，而不見於北部地區，推測是因洋流與季風風向的關係，使早年閩岸所送出的王船，多只漂流到澎湖與台灣南部海岸。

但以台灣目前舉行王船祭典的區域或宮廟來說，也有不是源自接獲王船，而是經由王爺指示，或是源於分靈供奉王爺，而隨例祖廟舉行送王船習俗。例如台南北門三寮灣東隆宮，主祀由南鯤鯓代天府分靈而來的李府千歲，同祀自屏東東港東隆宮分靈而來的溫府千歲；因東隆宮有定期送王船習俗，所以三寮灣東隆宮也定期舉行王醮祭典。當然也有寺廟的創建雖源自接獲王船，但並未發展出送王船習俗者，如南鯤鯓代天府、馬鳴山鎮安宮等。

東港迎王與西港香

在台灣眾多祭祀王爺的廟會祭典當中，一般來說以在祭典中有舉行「送王船」儀式者最受矚目，一般民間多通稱為「王船祭典」或俗稱「燒王船」，盛行於嘉義至屏東一代的西南沿海與澎湖地區。在這些地區的王船祭典中，一般公認較為著名而具有代表性者，以屏東東港的「迎王平安祭典」與台南西港的「王醮刈香祭典」為主，並稱為「南東港、北西港」。

馬鳴山鎮安宮五年千歲

王船桅杆的風向旗轉化為鯉魚公信仰

東港平安祭典王船

兩大王船祭典都在每逢地支年丑、辰、未、戌，三年舉行一次，稱為「三年一科」，兩者各具特色，都各是南台灣王船信仰的典型之一，近年也分別被文建會指定為民俗類國家重要文化資產。

若以祭典特色來看，西港王船祭典著重在典型「王醮」（或稱「瘟醮」）道教儀式的舉行，其祭典特色為三朝的王醮醮典、白天送王，並發展出送王時的搶鯉魚旗風俗；東港王船祭典的特色則在於祀王、宴王時的儒家式祭儀，王船建造美觀、船體龐大，以及凌晨送王等，其中尤以王船建造及裝飾藝術最為民俗文化界所稱道。

三年一科「東港王船祭」迎王平安祭典的舉行，每科傳統都在陰曆九月中旬以後舉行，其特色為祭典時間長（前後為時八天）、祭典組織綿密、參與人數眾多、儀式形式與內容豐富、王船建造美觀雄偉等。其祭典籌備時間長且內容豐富，包括組織形成、中軍府降駐、王船建造、陣頭操練、庶務準備等；而祭典內容更有王府上樑、水邊請王、過火安座、王駕出巡、王船法會、遷船遶境、王船添載、水邊辭王等；祭典

東港平安祭典王駕出巡遶境

東港平安祭典五靈聖將

東港平安祭典遷船遶境收煞

東港王船遶境

形式更是多元，包括了道教科儀、儒教祭禮、神祇與王船遶境、陣頭表演、信眾祭祀解運等，其中尤其是以祭典最後二日的王船遶境和送王遊天河（燒王船）最為熱鬧。東港王船祭遶境期間各類名目繁多的神將陣頭，諸如五毒大神、二十四司、十二家司、十三金甲等，是東港迎王祭典的主要特色之一，而祭典中為了迎奉五位千歲爺與中軍府、溫王爺等神祇所組成的轎班人員，在祭典中依照傳統穿著各色服裝，構成了隊伍分明的陣仗，也是其他地區廟會祭典所少見的特色。

不過東港王船祭最受矚目的還是祭典中壯觀華麗的木造王船，也是宗教藝術的精緻之作。早期東港的迎王活動規模較小，以紙糊方式製作的王船，直到民國六十二年以木造王船取代紙船後，才逐漸發展出近代壯觀的王船。在整個王船祭典中，倒數第二天的王船遶境（遷船）是送王之前最重要的活動，也最具有「實質」的宗教功能。也因為王船遶境具有重要的押煞逐疫意義，因此傳統上都會等到王船遶行鎮內的重要街道後，方再入廟舉行添載。而身軀龐大的王船船身，在多數相對不顯寬闊的東港街道中遶行時，也構成一幅「陸上行舟」的壯觀景象，是東港王船祭典在燒王船之前，最引人矚目的焦點。

整個東港平安祭典活動，就在最後一天凌晨的水邊辭王儀式中，達到高潮同時進入尾聲。末日凌晨一時左右，送王隊伍各神轎在眾多信徒簇擁之下，依次到達海邊，最後到達的是身軀龐大的王船。王船到達海邊以後

西港香王醮豎燈篙

西港香遶境王駕出巡

東港平安祭典送王遊天河

即以金紙固定船身，並逐次將桅杆及風帆組裝起來，等到送王時刻一到，就燃放鞭炮以引燃大火。在王船燒起之後，當地隨各角頭神轎來與千歲爺送行的信眾，紛紛將手中大香插在海灘上，隨即轉身與神轎一同離去，只剩遊客或拍照者為主的民眾圍觀。王船燒化送走王駕之後，東港信眾深信千歲爺已將一切邪煞、疫鬼、替身等一併帶走，工作人員在漸次完成最後的收尾工作後，也紛紛返家休息，結束了近一個月來的緊湊與忙碌。

台南西港慶安宮主辦的迎王祭典通稱為「西港仔香」，祭典內容主要分為「刈香」與「王醮」兩大部分，為刈香與王醮合一的「香醮型」廟會，這也是今日「西港仔香」的特色。西港王船祭時間皆在丑、辰、未、戌之年的陰曆四月中旬舉行，前後為時六天，以道士團所執行的一朝火醮、三朝王醮與王府的諸般行儀為核心，不過一般信眾則特別重視王爺的出巡遶境活動。西港仔香的代天巡狩王爺遶境活動，將遶境區域分為三區，自請王之後第二日展開，為期三天，如果再加上請王隔日的「請媽祖」活動，則各神駕、陣頭全體參與者共計四天；至於首日的請王與末日的送王，則僅限於少數神駕、陣頭參與。

西港仔香刈香遶境的範圍，持續隨著參與庄頭的增加而日漸擴大。從早期的十三庄、二十四庄增加到三十六庄、七十二庄的規模，民國八十九年庚辰科之後則增加到九十六庄以上。隨著香境的擴大，參與的庄頭、寺廟、陣頭也日漸增多，每科都超過六十個，其中多數是各庄頭為因應刈香所發展出來的陣頭，十分有在地特色。在陣頭類型方面，較普遍的有金獅陣、宋江陣、牛犁歌

西港香宋江陣

陣、跳鼓（鼓花）陣、天子門生、神將團（神偶）、什家將等。獨有一陣者，除了台南地區相當受重視的蜈蚣陣之外，還有白鶴陣、水族陣、南管團、高蹺陣等。這些陣頭中以人數眾多的宋江陣及金獅陣數量最多，而且是專為刈香活動所組成的子弟陣，在近年鄉村地區人口不斷外流的情形下，還能保有眾多具備農村特色的子弟陣頭，實屬難得，也讓西港仔香的遶境活動獨具特色。

除了遶境活動之外，請王、送王活動也是王船祭典的重頭戲。西港仔香在夜間請王、上午送王，這也是曾文溪流域王船祭典的主要特色之一，但仍以送王時的燒王船場面較受注意。送王儀式在祭典末日上午舉行，送王之前先進行唱班，將王爺、中軍爺及其部屬等紙糊神像，恭請到王船上安置，隨後由道士進行拍船儀式，並奠祭龍船、開水路。緊接著進行王船出澳，由眾人合力將王船拖出王船廠，朝火化王船地點前進，陣頭及信眾則沿路恭送。

王船到達王船地之後，先用天庫等金紙將船身加以固定，並先後組裝船桅，等船帆升起後，點火送王，這時乘馬的旗牌官手捧值年中軍爺令牌，不斷環繞王船，而部分前來參與送王的神轎也旋繞起火中的王船以示恭送，與東港地區隨即偃旗息鼓，打道回府的做法相當不同。西港王船祭，因為民眾信奉王船中桅的鯉魚旗可以庇佑航海平安、事業昌盛，歷來在王船中桅倒下後，有任信眾爭搶鯉魚旗的習俗。送王之後，道士團還須進行西港五角頭普度，等到傍晚的普度儀式結束後，三年一科的西港仔香祭典，才算正式劃下句點。

西港香蜈蚣陣

西港香白鶴陣

西港王醮刈香VS東港平安祭典

主要內容	西港香	東港迎王
科年	逢丑、辰、未、戌年舉行，三年一科，時間在陰曆四月中旬。	逢丑、辰、未、戌年舉行，三年一科，時間在陰曆九月下旬。
請王	曾文溪中游溪畔、夜間請王，迎請本年與前一年、後一年值年千歲爺（十二年一輪），以三尊糊紙神像為代表。	東港鎮海裡海邊、下午請王，迎請五位千歲爺，以大千歲為尊，銜頭（姓氏）不固定，以令牌為代表，請王後安座前過火。
祀王	早、晚由五主會首（主、副、協、都、贊）進行祀王。	早晚由大總理、副總理人等進行祀王。
王駕出巡	第一天至鹿耳門請媽祖，其他三天分別遶境北、東、南三區，範圍包括西港區與鄰近之佳里、七股、安南各一部分，共九十八鄉村。	分為北、中、南、農等四區舉行，前三天遶巡鎮內北、中、南三區，北、南兩區每科分別掄先（當科南區先則下科北區先），農區為在東港鎮西邊的聚落。
宴王	送王前一天中午進行宴王，由會長、旗牌官、五主會首代表，南管祀樂。	送王前一夜舉行，備一〇八道滿漢全席，由大總理主祭、副總理與祭，大漢樂團祀樂。
送王	第六天上午天舉行，正午前點火，前一天下午進行王船添載，送王後進行普度（西港街五角頭）。	第八天凌晨舉行，送王前一天中午進行遷船遶境（收煞、陸上行舟），晚間進行王船添載（與宴王同時）。

西港香王船添載

組織	祭典委員會主導，禮儀執行為王府書辦與班役，主要信徒代表為旗牌官。	祭典委員會主導，其次為振文堂（內司，負責王府行儀）、振武堂（班頭，負責王府守衛）、七角頭醮班，主要信徒為大總理。
王府	設於慶安宮正殿，前殿前方以柵欄區隔，由外而內為行臺、儀門、代天府，行臺左右設有東西轅門。	設於東隆宮正殿，為代天府，前殿的三川門為半封閉狀態，廟埕前方設醮壇式牌樓。
道教科儀	一朝火醮十三朝瘟醮，送王前進行打船（奠祭龍船）。	二天法會，送王前進行和瘟、押煞。
陣頭	以傳統文、武陣頭為主，文陣有南管、天子門生、牛犁歌等，武館以宋江陣為主，以及由宋江陣所變化的金獅陣、白鶴陣。	以各式扮神之神將為主，如八家將、什家將、五毒大神、十三太保、十二家司、十三金甲、二十四司等。
王船	三桅木造王船，以神榕枝幹為龍骨，實木桁條為骨架，其外釘三合板、彩繪。中置千歲府，後為媽祖樓。	三桅木造王船，全船由檜木建造，仿清代官船造型，外飾彩繪，中置五王府，後為王船大爺（船長），可以下水。

東港平安祭典和瘟押煞

西港香金獅陣

西港香牛犁歌陣

東港平安祭典二十四司

西港香送王出發

東港平安祭典送王遊天河

西港香送王遊天河

台灣其他各地的迎王與送王

除了已經被登錄為重要民俗文化資產的東港迎王與西港香之外，台灣沿海各地包括澎湖群島，也常見有祭典規模比較小型的迎王、送王活動，如東港鄰近的小琉球、南洲、屏東市，雲林、嘉義、台南、高雄沿海地區。這些地區有些在祭典中並無王船的建造，而是以代表王爺的紙糊神像或令牌為主，較著名的如嘉義布袋嘉應廟的衝水路迎客王，也有建有大型木造王船者，如嘉義東石先天宮。而許多地區是以小型的紙糊王船作為送王的主要象徵，如嘉義東石沿海村落（副瀨、型厝、塭港等）。這類型的迎王祭典大多為年例性的祭典，每年固定時間舉行，台灣最北端所見為淡水油車口在重陽節舉行的送王儀式。

澎湖地區的迎王祭典與本島地區在形式上有很大的不同，主要的特色是時間沒有固定，有時在請王、建造王船之後，要經過很多年的時間才會進行送王，時間由王爺降乩指示辦理，其次是仍保有木造王船下水進行海巡、類似「遊地河」的形式。台灣的送王儀式在日治時期之後，由於衛生的考量，大多改為以「遊天河」火化王船的方式進行，以取代放水流的「遊地河」方式。主要原因是許多傳統的迎王、送王儀式，是在發生瘟疫之後才舉行，由「疫區」所放出的王船常會造成疫氣的傳布。

淡水油車口忠義宮送王

屏東小琉球送王

雲林口湖送王

常民小人物的真心願

以寺廟為主的相關活動中，除了前述的神明生、進香、遶境、出巡、暗訪，以及典型的宗教儀式如醮典、法會之外，也常有許多規模較小、形式不一的習俗活動，常與民間習俗融合在一起。這些習俗常見的有安太歲、點光明燈、乞龜、制解補運、扶鸞，甚至是晚近十分熱門的補財庫、求姻緣、祈考運等，也在大型的慶典活動之外，更為貼近與滿足一般人消災祈福的心願。

安太歲

寺廟或神壇每年年初多有為善信「安太歲」之俗，在新供奉的值年太歲的牌位前誦經懺以為信眾消災解厄。近年有些廟則仿照北京白雲觀而建有「太歲殿」，供奉斗姆及六十甲子太歲星君。古代中國使用干（十干）支（十二支）紀年法，從甲子到癸亥，六十年為一周，即所謂「六十甲子」。每人出生時即以所屬干支為本命年，漢代以來又有十二生肖的屬相配合，六十年剛好有五組。如果該年值年太歲與自己所屬的干支相同，或是相隔六年者，通稱為「犯太歲」。前者為「坐太歲」，或稱「年沖」，後者為「沖太歲」或稱「正沖」。俗諺有「太歲當頭座，無喜必有禍」之說，為了避免沖犯而招致不利，年初時就要在所沖犯的值年太歲前，請道士代為誦經祭拜，以求消災祈福。

每一位太歲星君都有其名諱、形象及服色，在年初逛廟會時，民眾縱使不安太歲，也會到本命所屬的太歲前祭拜，故「安太歲」成為民間的新春習俗。信眾若是未到寺廟安奉太歲者，也可在住家公媽廳的左側神案上每年固定安奉，一般在陰曆正月初九天公生或正月十五上元節時安奉太歲，而在陰曆十二月廿四日送神時恭送當年太歲。

斗姥（姆）元君與南、北斗星君像

太歲哪裡來？

在傳統漢人社會的星辰信仰中，除了日、月之外，就是與生命最貼近的木、火、土、金、水等五星，其中以木星的體積最大，古人認為它對命運的影響也最大，後來也用木星來紀年，稱為「歲星」。由於木星約十二年繞太陽運行一週，古人就依照木星每年在黃道的角度不同，將週天劃分為十二段，每段以一地支加以對應，形成子、丑、寅、卯、辰、巳、午、未、申、酉、戌、亥等，漢代以後又以十二種動物鼠、牛、虎、兔、龍、蛇、馬、羊、猴、雞、狗、豬與之相應，稱為十二生肖。

先秦時期又依照歲星所在的位置，認為在地面上有一位與歲星相對應，可以主宰各人運勢的「太歲」神。太歲神所居的位置，也根據十二地支的變化而移動，與天上的木星相對應，也影響著不同生肖人的命運，而有坐太歲、沖太歲的說法。坐太歲便是值年太歲神地支年相同的生肖，沖太歲便是與太歲神相對的生肖（相隔五年，如子鼠與午馬），隨後又有偏沖的說法（相隔兩年，如子鼠與卯兔，午馬與酉雞），統稱為犯太歲。後來又在十二地支之上加上十天干（甲、乙、丙、丁、戊、己、庚、辛、壬、癸），兩兩加以組合，形成甲子、乙丑、丙寅等更為複雜的六十太歲，也形成六十年「一甲子」的紀年方式。

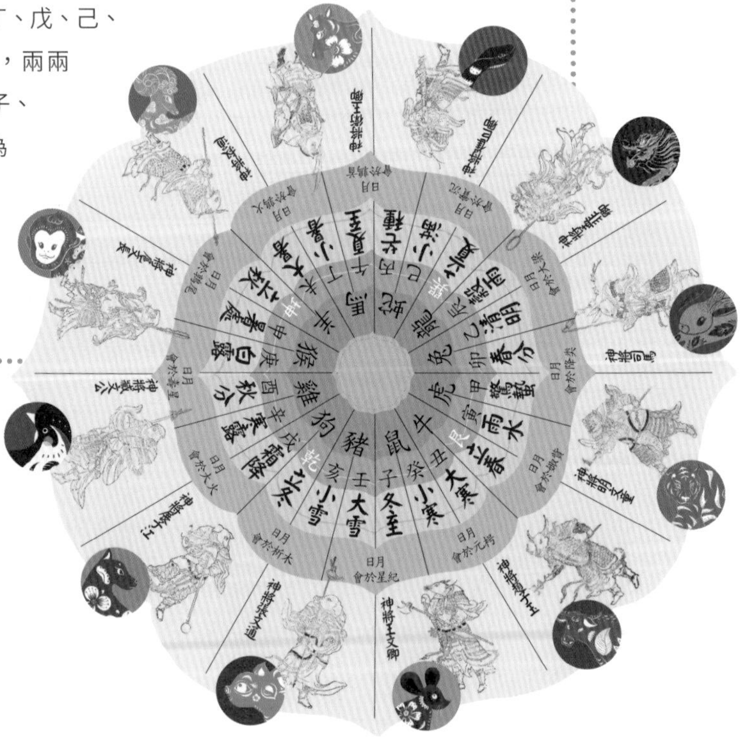

十二生肖與天干地支、廿四節氣關係圖

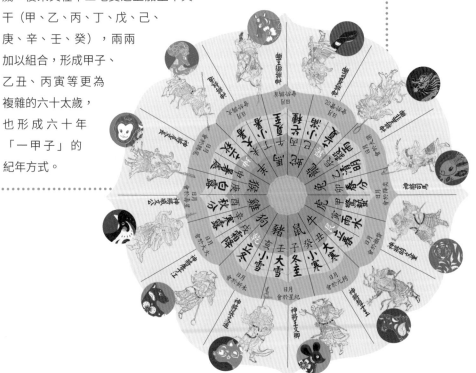

壬寅太歲
賀諤大
生肖屬『虎』
民前10 民國51、111年次
辛丑太歲
楊信大將軍
生肖屬『牛』
民國50、110年次

乞龜

龜是長壽的象徵之一，民間在敬神、婚禮、祝壽等喜慶時都喜歡用龜做造型，經常成為向神明乞願、還願的重要表徵。乞龜是就信徒供奉或還願的龜食，向神明許願乞求並加倍還願的過程。

龜在傳統中國文化中是「四靈獸」之一，也是長壽的象徵，民間在敬神、婚禮、祝壽等喜慶時都喜歡用各類食材作成龜，以增加吉祥的氣氛。依其材料不同有米龜（紅龜粿）、麵龜、麵線龜、糕餅龜等，甚至以錢幣作成的金錢龜、以黃金打製的金龜等。

各類形的「龜」，是民間敬神時不可少的供品，經常成為向神明乞願、還願的重要表徵。乞龜的作法是就信徒供奉或還願的龜食，向神明許願乞求，擲筊獲得神明同意後將龜攜回分食以求福。一旦願望實現，則翌年必須還奉雙倍以上、甚至是十倍的龜，依信徒個人許願的情形而定，而所還的龜又成為信徒乞願的供品。龜的大小不一，通常為一、二台斤之譜，也有少數上百斤的。在早期民間物資較為缺乏之時，各類龜形粿品是頗受歡迎的食品，因此乞龜習俗相當普遍。近代物資充裕之後，傳統的龜粿已較不受歡迎，取而代之的是由月餅、鳳梨酥、花生糖或是錢幣等組合而成的龜，甚至以汽車（金龜車）取代。

乞龜多於上元節或神明生舉行

糯米龜

月餅龜

壽龜、平安龜、金錢龜

龜與鶴在傳統的神獸信仰中一向是長壽的象徵，有「鶴算龜齡」之說。古人認為長壽是五福之首（五福即壽、富、安寧、修好德、考終命，出自《尚書·禹典》），也是人在有限生命中最基本的祈求，若能「五福臨門」、「五福全歸」當然是最幸福的生命狀態，但要享福就必須先有足夠的壽命，因此祈求長壽便成為人們最普遍的心理願望，也將龜的形狀具體呈現在各種裝飾題材中，甚至是可食用的供品中。台灣民間在紅色粿品上印製龜的圖案，稱為紅龜粿（客家人稱為龜粄），以之供奉神明來求長壽，稱為壽龜，而向神明祈求所供奉的紅龜就稱為「乞龜」。這種祈壽的習俗，最早是受到三官大帝信仰中的「天官賜福」所影響，在陰曆正月十五日上元節舉行，後來也普遍見於其他神明的祝壽活動中。乞龜儀式中所乞的龜，其製作的材料從最早的米、麵到晚近的花生糖、月餅、鳳梨酥、沙其瑪等，這些都是可以祈求長壽、食平安的，稱為壽龜、平安龜。後來更有以錢幣所組成甚至由金子所打造的金錢龜、黃金龜，乞龜的意義也從求壽、祈平安演變為求財富了。

金錢龜

壽為五福之首，法會中以米、龍眼排出壽字，以七盞燈象徵北斗解厄。

點光明燈

點光明燈為信眾在寺廟中點燈祈福的通稱，其目的主要是為信眾乞求平安，而又緣於「光明」諧音「功名」，衍生而有祈求考運之義，甚至衍生出財利燈、事業燈、婚姻燈等不同目的的點燈名目。佛教原意是在佛前加油點燈，祈求光明，故只有一盞，且不具明善信的名字。而民間俗信，每個凡間的人在天庭上都有一個「元辰」相對應，「燈」即是本命元辰的象徵，俗信元辰若光彩，就會身體健康、運途順遂。因此為了祈求來年一年的順利平安，信眾通常會在元宵前後到寺廟中點燈植福。近代寺廟則衍為一種習俗，在建廟之時，即準備二至數座圓塔形狀，區分十數層以上，每層隔出許多點有小燈的佛龕形式，供信徒們在上頭書寫祈願者姓名，置於神龕兩側，以期獲得神力的庇佑。

光明燈

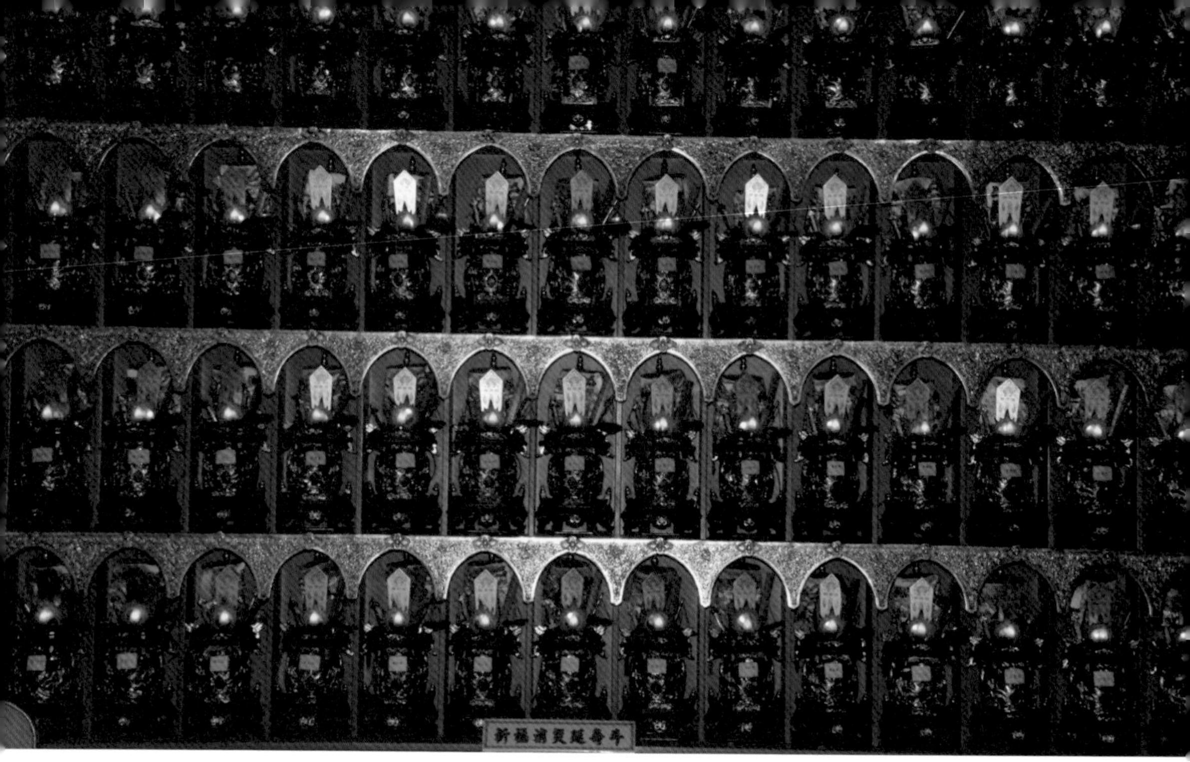

在宮廟中安奉斗燈以祈求元辰光彩

民俗信仰中的燈

燈在傳統漢人社會的民俗信仰中具有多重的意義。首先，燈具有指引的功能，所以在祭典儀式中常以點燈用以接引神、鬼來到，如醮典中的掛天燈與普度中的放水燈、豎燈排；其二，燈可以照耀黑夜去除幽暗，具有光明的意義，可以燈來象徵或照耀人的本命元辰，達到元辰光彩、命運亨通，而光明又有功名的諧音，對於讀書人來說即是前程祿位的象徵；其三，在閩南語系中燈又與「丁」同音，而丁就是男丁，在傳統重男輕女的社會中，添丁是家族中的大事，添丁進財也是一般百姓最基本的幸福祈願。

建醮時信眾在門口懸醮燈以祈神明賜福燈

在燈會中鑽燈腳傳統上有添丁之意義

制解、補運

制解補運為民間信仰中改運的一種方式，其目的是透過儀式而改變身心不安、運途不順的的一種術法。制解與補運原為兩種功能不同的儀式，制解又稱為「祭改」、「祭解」、「制改」，其用意主要在制化、禳解因沖犯關煞所引來的災厄。而補運則是祈求三台星君、南北斗星君、日月星君、五曜星君、本命元辰星君等，護佑信眾元辰煥彩，運途順遂。這兩個儀式可以單獨進行，也可以合併舉行。

在漢人社會傳統的信仰習俗上，每年會因生肖之差異，在流年中也有不同的「關煞」對身體或運途造成沖煞，常見的關煞如白虎星、天狗星、五鬼、喪門吊客、死符、官符等，為了能夠祈求未來新的一年裡事事平安順利，所以需要根據生肖的沖犯來進行制化禳解，以祈消災解厄，福佑元辰與運途。

台灣民間舉行制解、補運的高峰期多集中在陰曆年的新春期間，其次為六月初六天貺節（天門開），以及下元令節期間，一般多會到寺廟祭拜奉請神明作主，或是請專業的道士、法師進行儀式。在進行制解儀式時，需先準備祭祀關煞用的供品，主要有小三牲（鴨蛋、豬肉、豆干各一），以及關限（如水關、火關、車關）男女替身、天狗、白虎、麵線、金銀紙（大箔壽金、福金、金白錢、銀紙、刈金、經衣、改連真經及陰陽本命錢）

主要的關煞有五鬼（中）和天狗（右）、白虎（台南開基玉皇宮）。

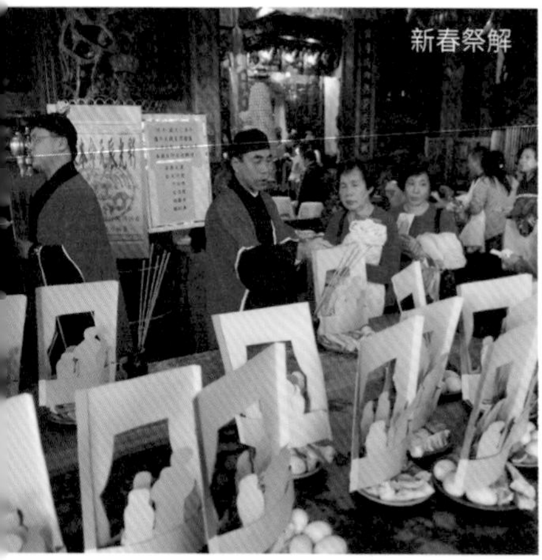

新春祭解

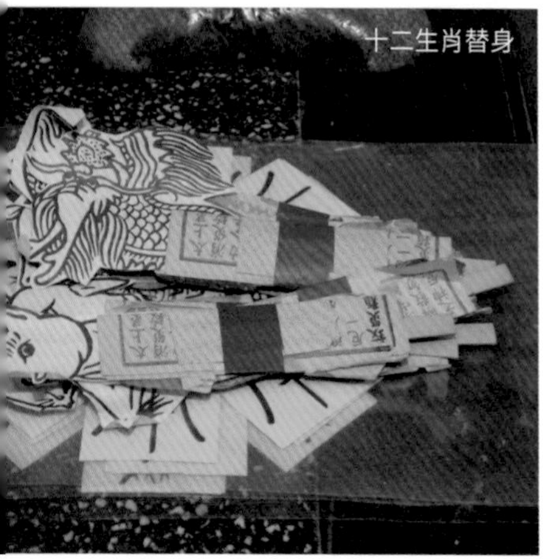

十二生肖替身

草人替身

制解祭關煞

等祭品，以及信者自身所穿過的衣服，然後請法師進行儀式。制解儀式在北台灣通行的流程主要有請神、解災（消災改厄）、念咒（四神咒）、安座獻供、讀疏文、卜筶（跋桮）、祭煞、送外方、過關煞等。

而進行補運時，則需先準備一盞代表信者元辰的油（燭）燈、甜米糕（象徵好運道）、福圓（象徵福氣），以及麵線、糕餅、金紙、信者衣服等。補運儀式在北台灣通行的流程主要有請神、勅燈令元辰煥彩、進十二宮（紫微大帝、三台、日、月、五曜、本命元辰等）、讀疏文、卜筶（跋桮）等，如時間許可也會加誦北斗經以其消災解厄。補運儀式完畢後，信者則在衣服領子內側蓋上神明法印，以祈求神明庇佑平安，將龍眼乾剝殼，脫殼代表脫去厄運，由當事者吃下象徵福氣平安的福圓肉（龍眼肉），最後將龍眼殼與解連經一起燒化。

制解後剝龍眼殼以象徵脫去厄運

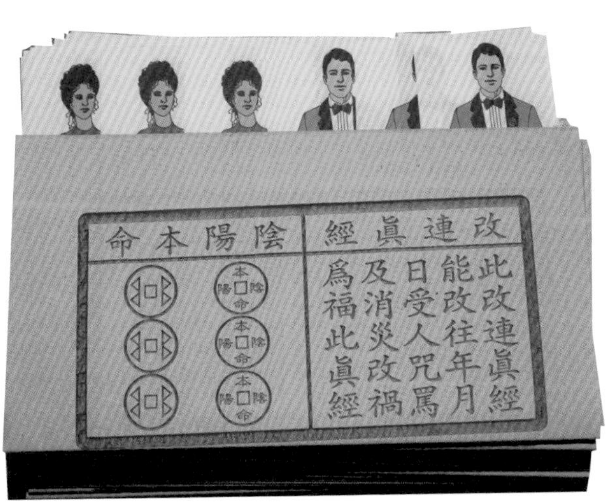

改連經

十二生肖流年關煞

古代社會以十二地支為紀年的基礎形成了民間十二生肖的說法，十二生肖就是對應值年太歲所在的位置，故不同生肖之人，在對應十二地支年時即形成了與值年太歲不同的角度，而產生名稱不同的流年關煞。在道教與民間信仰中，依照地支年的順序，所逢的流年關煞分別為：一太歲、二太陽、三喪門、四太陰、五五鬼、六死符、七歲破、八龍德、九白虎、十福德、十一天狗、十二病符等。每逢不同地支年開始便有不同的關煞，主要是根據值年太歲所居，如子年生肖鼠（甲子、丙子、戊子、庚子、壬子，2020 年為庚子）之人，其流年即坐太歲，到丑年便逢太陽、寅年逢喪門等。在這些流年關煞中有好有壞，值太歲為好壞參半，值太陽、太陰、龍德、福德時運勢較佳，但也可能有官司口舌等是非，而值喪門（忌喪事）、五鬼（犯小人）、死符（破耗）、歲破（沖太歲、最凶險，諸事不利）、白虎（車關、血光）、天狗（水土不服、血光）時則運勢不佳。

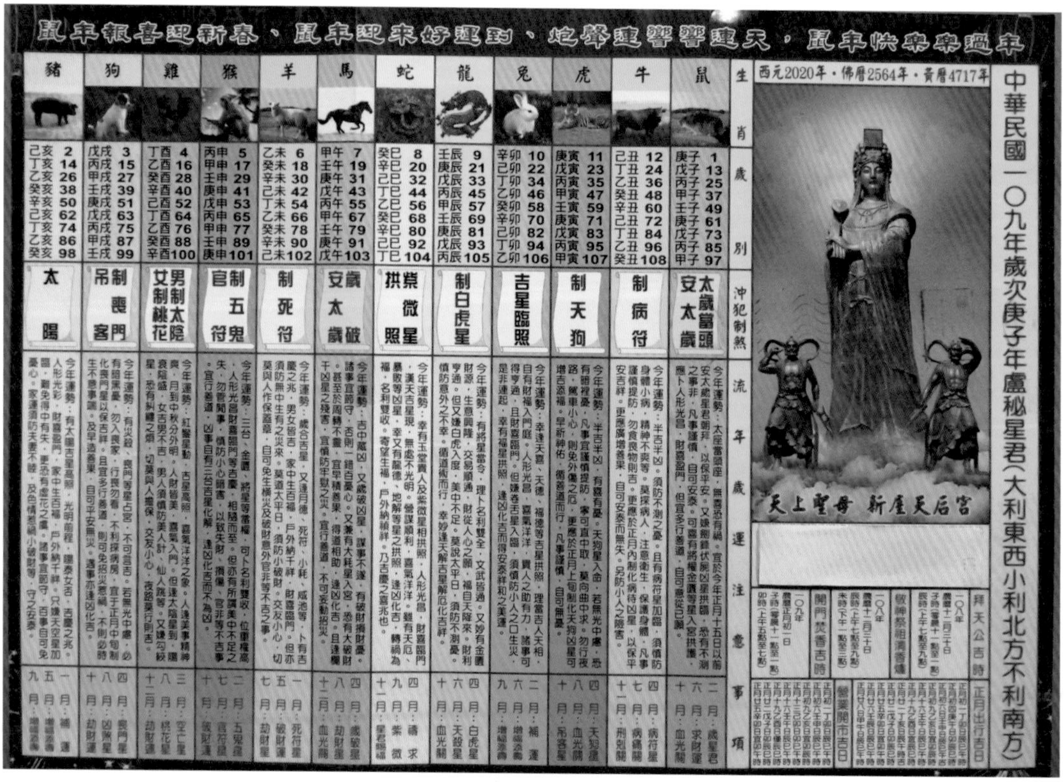

宮廟每年所印製的生肖流年關煞表

扶鸞、降乩

扶鸞、降乩為民間常見的一種降神儀式，最早可追溯自上古時期的巫術信仰。透過降神來進行占卜或問世為民間普遍的通神方式，除了扶鸞、降乩之外，又有扶乩、降筆、降乩、關乩、觀童（堂）等不同的儀式，在本質與形式上差異不大，旨在透過奉請神明下降以指示神意。扶鸞為文字形成之後的一種降神法，又稱為飛鸞，主要的形式是請神將於鸞筆（桃筆）之上，在沙盤上書寫出神意，用以指示信眾，後來也被發展成一套儀式流程，大致有起壇、請神、淨壇、請咒、降筆、錄筆、送神等過程，隨後還要針對神明降筆的詩文加以闡釋。這類扶鸞降筆的儀式，在中國古代多見於識字的讀書人所信仰，在清代時期經傳播而形成「鸞堂」信仰，在台灣盛行於日治時期。

由於鸞堂請神降筆時所奉請的神祇，主要為古代文人所崇奉的文昌帝君與梓潼帝君、關聖帝君、孚佑帝君、大魁星君、朱衣星君（合稱為五文昌）以及玄天上帝等，因此在早期被視為民間儒教，晚近則有「儒宗神教」的宗教法人團體成立。扶鸞與其他降乩儀式最大的不同是採用鸞筆，一般以分叉的桃木製成，前端為一短圓棍，或雕飾鳳鳥頭或龍頭，其下方嵌一根短棒以作為書寫之筆，後端Y字形分叉較長，降筆時左右由二位鸞生各執一端，稱為正鸞、副鸞，觀看辨認文字者稱為唱鸞，而負責記錄文字者

扶鸞（南投藍田書院）

稱為錄鸞。

除了扶鸞之外，民間常見的降筆方式尚有以手轎或神轎降筆者，甚至是由乩童直接書寫文字或開口說話，通稱為扶乩或降乩。透過乩童扶手轎以降筆的方式民間俗稱為「關手轎」，若以四抬神轎、八抬神轎降筆，則稱為「關四輦」、「關大輦」，是屬於較慎重的扶乩降筆儀式。由乩童請神附身降筆或開口的方式，則普遍見於台灣各地的廟、壇等，主要是供信眾求神問事、求符作法，屬一種非公開性的儀式，所奉請下降的神祇也十分多元，常見有濟公禪師、中壇元帥、玄天上帝、諸府王爺，甚至是媽祖、三奶夫人、大眾爺等神。

手轎改運

降乩改運

關四轎

補財庫、求姻緣、祈考運

近二十年來，由於台灣社會因素外在環境產生許多較大的變化，如資訊化快速發展、網路的興起、貧富差距的加大、考試的多元化（尤其是各類專業證照考試），使得一般人在面對眼前紛亂的環境時不免產生一種不知所措的茫然感。因此，在現實環境無法順利取得實際上的幫助之下，許多人便轉向神明來祈求，也使得一些在早年並不算興盛的神祇信仰，在晚近也蓬勃發展而人氣驟升，主要有財神、月老星君、文昌帝君與魁星爺等，相對應者即是人們對於求財、求姻緣、求考運的心理需求。

財富自古即是人們所祈求的目標，也是「五福」中的第二位。在昔日以農耕為主的傳統社會中，因「有土斯有財」的觀念，土地公便成為最早的財神，除了農夫祭祀之外，商家也十分重視，每月初二、十六都要祭拜，稱為「牙祭」。隨後民間在《三國演義》、《封神演義》等神話故事影響之下，也奉關公、比干與趙公明為財神，而以比干為文財神。三官大帝中的天官因民間「財子壽」的觀念也被視為文財神，另則以玄壇元帥趙公明為武財神，又奉其為五路財神之中路財神，台灣民間也因應而生建立許多財神廟。而傳統的福德正神信仰也有發展出求財的信仰，著名者如新北中和南山福德宮乞錢母、南投竹山紫南宮借發財金等。補財庫的儀式也

手持元寶的土地公為最普遍的財神

財神金

南投紫南宮求金雞

五路財神像，居中為武財神趙公明。

開始在民間普及，其儀式即透過神明（財神）的力量，來補信者在命格、流年中所缺漏之財。

求姻緣也是晚近新興蓬勃的信仰，普遍見於台灣各地宮廟。民間信仰以月老星君（月下老人）為主掌姻緣之神，但傳統上多是同祀於寺廟之中，迄今仍罕見以月老為主祀神之寺廟。但在傳統媒妁習俗瓦解，以及自由戀愛經常面對分手收場，適婚年齡愈拖愈晚的趨勢之下，未婚男女多有轉向月老祈求之現象。台灣各地也出現許多著名的「月老廟」，如日月潭龍鳳宮、大稻埕霞海城隍廟、艋舺龍山寺，以及府城的大天后宮、大觀音亭、祀典武廟、重慶寺（府城四大月老）等。祈求姻緣的儀式主要以乞紅線（姻緣線）為主，俗信若獲得月老允桮乞得紅線一條，即可庇佑未婚者尋得適合的配偶，尤其在陰曆八月十五月老星君聖誕日，以及七月初七日的七夕，甚至是陽曆二月十四日的西洋情人節，各地有奉祀著名月老的寺廟，總會湧現許多祈求姻緣的未婚男女，成為現代都會地區一個新興的信仰現象。

祈求考運的信仰傳統在漢人社會相當悠久，在日

拜月老求姻緣

艋舺龍山寺月老像

台南大觀音亭月老像

台北霞海城隍廟月老像

治時期之前，由於科舉取士的制度，各地除了設有書院來培育士子之外，也透過科舉考試來儲備、進用官吏。而除了書院之外，民間在台灣各都會地區也常建有文昌祠，藉以提供士子庇佑祈求文采、考運之神，其主祀神即文昌帝君（或五文昌），同祀有大魁星君、祿馬等，而書院或文昌祠、孔廟之旁，也常建有魁星樓。

晚近除了學校的各種考試之外，由於各種專業證照的考試也成為一種趨勢，為了祈求文運亨通、考運順遂，欲參加考試者多有祭拜文昌帝君之現象，祭拜的供品也與一般有異，常見有白蘿蔔、芹菜、蔥、蒜等，分別象徵好彩頭、勤勞、聰明、會算等，還有就是包子、糕點、粽子合為「包高中」。除了供品以外，考生也會將准考證影本供奉於神前。屆臨考試之前，有的還會祭拜魁星，乞求魁星手中之狀元筆（智慧筆）隨身，期望能獨占鰲頭、熬出頭。除此之外，在重要的考季來臨前，許多寺廟也因應需求舉辦祈求考運的法會，吸引許多學子參與。

文昌帝君像（藍投藍田書院）

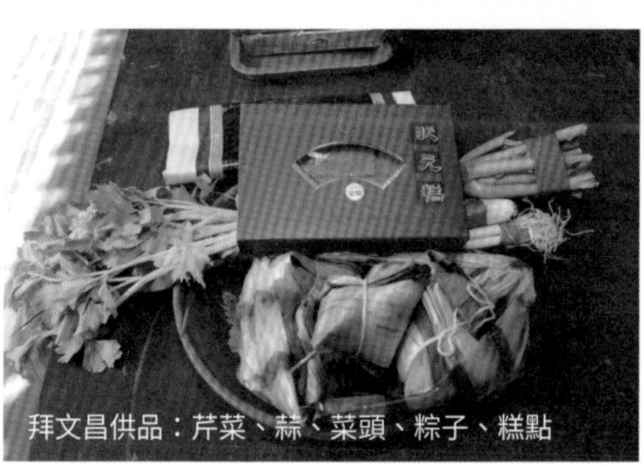
拜文昌供品：芹菜、蒜、菜頭、粽子、糕點

魁星爺獨占鰲頭（台南赤崁樓）

廟會演藝、陣頭活動

每到地方重要寺廟舉行為神明祝壽或迎神賽會時，連台搬演（甚至是多台拚場）的戲曲，以及熱鬧喧天的各式陣頭，經常是廟會給人的第一印象。對一般的民眾來說，他們可能不瞭解整體廟會活動中核心的祭祀活動與儀式，但是廟前搬演的戲曲：歌仔戲、布袋戲、亂彈戲、傀儡戲、南管、北管、太平歌、牛犁歌以及舞獅、舞龍、踩蹺、跳鼓、宋江陣、十八般武術、雜耍等各式陣頭，在迎神時沿路踩街，定點拜廟表演。這些廟前的演藝活動與迎神活動中的陣頭表演，除了表現出信眾對於神明的虔誠祭祀之外，在昔日現代媒體尚未起步的年代，也是人們在日常生活之外最主要的娛樂。為了慶賀神明聖誕千秋，庄頭的信眾們除了聘請專業的團體來演出之外，經常也見庄內人自己組成各種表演團體與陣頭，在廟會慶典中演出來為神明增添光彩，一方面娛神，另一方面也娛人。

在台灣眾多類型的戲曲表演中，由於戲劇的演出需要較為專業的訓練，因此多成為職業或半職業的團體，而曲藝的表演雖然也需時間練習，但在昔日由於許多「子弟」的投入，也常能成為頗具水準的表演團體。廟會原本就是這些由庄頭所自組的戲曲與文武陣頭的「成果」展示場合，但一方面因為大多固定在廟前表演，另一方面隨著

陣頭表演是迎神賽會看熱鬧的焦點

大溪遶境中神將陣頭拜廟

北管排場（桃園鈞天社）

台北共樂軒北管子弟戲公演謝幕

人們娛樂的方式轉向現代式媒體，一堆人擠在廟前看戲曲表演的情景也愈來愈稀微了，不過各式陣頭的表演，在迎神活動中還是能吸引許多人的目光，成為廟會活動的主要聚焦點。

陣頭是廟會活動中，參與遊行的各種表演形式隊伍的總稱。陣頭的功能有時具有某種特定的宗教意義，但大多數作為迎神賽會熱鬧場面的主體，是廟會踩街活動中不可或缺的陣容。陣頭的組成，在早期是由寺廟祭祀圈內信徒的自發行為，其目的在表達崇敬的心理而為神明服務。陣頭有時是固定的組織，民間通稱為「駕前」，如曲館、武館等，有時則因應活動需要而臨時組成，充當神明的義工，如儀仗、什役等香陣隊伍。這些陣頭依其表演性質，大概可分為文陣、武陣、趣味陣頭、宗教陣頭、藝閣、香陣等六類。

在神明進香、遶境時，許多虔誠的信眾也會來跟隨神明出巡，或是為神明服務而擔任駕前的雜役工作，或是一路跟隨神明的腳步以獲得庇佑，這些信眾大多是向神明許了願。雖然他們並沒有像其他文、武藝陣般有表演式的動作，但是他們虔誠的身影，也成為神明遶境、進香隊伍中十分動人的景致。

宋江陣為傳統武館的類型之一

戲曲

戲曲是戲劇與曲藝兩種表演藝術的合稱，戲劇主要以戲齣情節為主，但經常以歌曲來表現劇情，而曲藝則是純音樂性的絲竹鑼鼓音樂表演，或是結合唱曲演出。台灣各地寺廟所舉行的廟會活動中，許多規模較小的，其核心的祭祀禮儀經常只簡單舉行象徵性的儀式而已。不過雖然祭祀儀式簡單，但演戲酬神則是不可或缺的慣例。早期的酬神戲種較常見的有北管戲（亂彈、子弟、四平）、南管戲（梨園、九甲）、歌仔戲、掌中（布袋）戲、皮影戲、傀儡戲等「大戲」，近代一些規模小請不起戲班的寺廟，則多以小型布袋戲或放電影代替。

酬神戲通常可分日場與夜場兩種演出形式。日場（午場）搬演時先有「扮仙戲」，是專門向神明祝壽的戲齣。扮仙戲的形式不論是大戲（北管子弟戲、歌仔戲等或偶戲大略相似，其腳本大都採用北管的戲文，主要有三仙會、八仙獻壽等，三仙會演出時間較短，人物除了福、祿、壽三仙之外，就是麻姑、喜神、財神、七仙女等，有時還會加上才子佳人會。八仙獻壽的演出時間較長，主要人物除了八仙之外，有時還會有瑤池金母、七仙女等。而不管扮三仙或扮八仙，最後大都會以「跳家官」作為結尾。

扮仙戲演畢之後再演出「正戲」，通常在下午與晚間演出。下午的正戲多為文戲，搬演的主題多見歷史演義、史冊故事等，具有忠孝節義廉等

歌仔戲辦仙之三仙會

河洛歌仔戲

道德啟示的情節。夜場則搬演一些民間傳說或歷史故事，以較熱鬧的武戲為主，除娛神之外，兼具娛樂信眾的重要功能。在早期電視、電影等媒體不發達的時代，每逢地方上寺廟神誕時，各類酬神戲搭野臺演出，往往成為民眾最大的娛樂，也吸引了鄰近的小販、攤販趁機前來做生意，構成戲棚下一副熱鬧的景象，充分反映早期台灣民間生活的景象。

落地醉八仙

扮仙跳加官

文陣（小戲、音樂陣頭）

文陣是相對於武陣來說的，是指必須具有音樂演奏、唱曲或舞蹈等技巧之表演團體，一般有音樂性陣頭與戲劇性陣頭兩類。音樂性陣頭為各種曲藝所組成的曲館，常見的如「南管（南音）團」、「北管團」、「客家八音團」、「十音團」、「大鼓」、「戰鼓」等，傳統上以南管和北管為主。南管系統的曲樂比較多的曲風是以幽緩輕柔為主，所用的樂器除了指揮者的拍板之外，主要有洞簫、琵琶、二弦、三弦稱為上四館，以及響盞、四塊（木板）、叫鑼（木魚、鑼）、雙音（鈴）等，稱為下四館。使用這八種樂器者又稱為洞館，而若再增加笛子、噯仔（小嗩吶）而成為十種樂器，則稱為「品管」（十音）。其次，可視為南管曲樂系統的還有盛行於台南地區的「天子門生」，使用的主要樂器是月琴，所唱的曲目內容主要是明代鄭元和由乞丐變成進士的傳說。

北管系統的曲樂起源於古代的軍樂，故使用大量的大鑼、鈸、鼓、嗩吶，由於音量大而熱鬧，故在廟

台北靈安社北管在遶境中演出

西港香天子門生

北管以鑼鼓帶領樂團演奏

西港香南管團

會中是相當普遍的音樂性陣頭。北管除了排場演奏（唱曲之外），昔日也會組成戲班搬演戲曲，由於演員都是一般子弟（業餘、非職業戲班），故又稱為子弟戲，他們大多無酬演出，所以也被戲稱為「戇子弟」。在傳統北管戲曲中最受歡迎的是「亂彈戲」，需要有較高的技巧，因此民間有「吃肉吃三層，看戲看亂彈」的俗語。除此之外，北管戲曲又有「西皮（新路）、福祿（舊路）」派別之分，主要的差別是西皮派使用椰殼弦，祖師爺是田都元帥，而福祿派使用胡琴，祖師爺是西秦王爺。

這些傳統曲藝團體的組成，有時會由一批固定的成員組成，其團體名稱多稱為「館」、「軒」或「社」，傳統上主要作為神明的駕前團體，故通常多是為了服侍神明，而比較少作其他場合的表演。但晚近也常應其他場合邀請表演（如文化季）。近代則有西樂團、電子琴花車、吉普車鋼管等加入音樂性陣頭行列。

戲劇性陣頭主要為小戲陣頭，其名稱則是相對規模較大的戲劇團體「大戲」而言的，由民間歌舞與說唱藝術發展而來，帶有戲劇情節的表演，常見的如「車鼓陣」、「牛犁陣」、「採茶戲」等，另外尚有「布馬陣」、「桃花過渡陣」、「番婆弄」、「才子弄」等，除南部地區外其他地區較為少見。近年來也有少數現代化表演團體加入小戲陣頭的行列，成為特殊的景象，如「優劇場」的杖偶、高蹺、優人神鼓等。

北管亂彈戲

鹿港地區的高蹺陣演出三姑六婆

花式大鼓

武陣

武陣的表演一般都必須具有武術的根基，常見有舞獅、舞龍與宋江陣等三大類型。台灣在早期移民社會時，由於政府公權力並不伸張，社會秩序與聚落安全多靠民間自行維持，因此民間習武的風氣頗盛，一般身手較為靈活的農家子弟在農閒都會練武強身，有需要時則組成隊伍保衛鄉里，也在迎神賽會時以武陣出來表演。龍陣、獅陣是民間最為普遍的武術陣頭，尤其獅陣更是任何民俗性宗教廟會，甚至一般晚會、開幕、選舉等場合所不能或缺的。宋江陣由於所需的成員眾多，操練不易，除了南部地區外較為少見，在早期由於具有軍事性質，也曾為官方所勸禁。武陣有時成獨立的「館」，即稱為武館。

舞獅即是傳統漢人社會中最著名且歷史悠久的遊藝活動之一，在台灣也是最普遍的武術表演。舞獅活動的形式則可視為由漢代「曼衍」、「角觝」發展而來，最早有關舞獅活動的文獻，當代學者多認為是《舊唐書．音樂志》中的記載。當時的獅子舞，用五色龜茲樂和胡裝，反映了西域使者送獅來朝的風貌，其舞已遍及全中國。這五方獅子舞雖然與後世所見者在形式仍有明顯差異，但應就是今天舞獅之雛形。而千餘年來，舞獅也早已成為民間迎神賽會與節慶遊藝中不可或缺的活動。

台灣的舞獅活動又稱為「弄獅」，其形式主要有開口獅和閉口獅兩大

大龍峒獅有北部獅獅祖之稱

台灣北部獅多稱金獅團

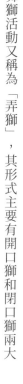

類型，早期也分布於不同的地區。閉口獅口部不能開合，主要分布在彰化以南到嘉義、台南地區，以彰化、雲林為盛，通常與武館結合（如彰化、雲林地區的集英堂、勤習堂、西螺七崁等），獅頭內部一般比較深，又稱為雞籠獅。開口獅的獅頭比較扁平，口部可以開合，主要分布於新竹以北，公認以台北大龍峒金獅為師祖，而在中部的客家地區如苗栗、台中山線等也是屬開口獅系統，但獅頭略成長方形，又稱為盒仔獅。此外，台南舊台江內海區域內與宋江陣結合的舞獅，其獅頭形狀為長橢圓形，壯如人臉。

除了上述獅種之外，在台灣近代最普及的反而是由兩廣地區所傳入的「醒獅」。醒獅又可分為鶴山獅和佛山獅，佛山獅的獅頭較大而圓，額頭較寬，嘴較平闊。鶴山獅的獅頭較扁而長，嘴突出如鴨嘴狀，又被稱為「鴨嘴獅」。醒獅的獅頭一般上都會有一隻角，也有人謂是麒麟或獬豸的化身。醒獅表演的花樣比較活潑，常見有出洞、上山、巡山會獅、採青、入洞等表演方式，當中「採青」最為常見。由於醒獅的舞弄方式活潑，鑼鼓點也比較熱鬧，故十分受到歡迎，除了廟會之外，也常見於活動開幕、開市熱場等。

在台灣舞龍的團體稱為「龍陣」，多由村民為廟會慶典而組成，後來發展到學校、部隊等也有，一般

醒獅

醒獅上樁

台灣中部獅

傳統舞龍

台南地區的金獅

多以「弄龍」稱之，有金龍、銀龍、青龍、水龍、火龍之分。龍的構造可分為龍首（龍頭）、龍身、龍尾三段，再以龍珠一顆來引導龍陣舞龍，龍身的長度不等，隨著該團龍陣組織成員的多寡，而有九節、十二節到十三節的「小龍」，長度約三十公尺以下；或是十五節以上、二十四節、到二十九節的「中龍」，長度約三十一至六十公尺；或是三十一節以上到上百節的「大龍」，即六十公尺以上。龍陣在鑼鼓聲的伴奏下，所擺的陣法大致有「龍形八步」、「祥龍獻瑞」、「神龍戲水」、「神龍發威」、「頭尾穿龍」、「直龍獻瑞」、「迴龍搶珠」、「金龍翻騰」、「金龍擺尾」、「金龍跨尾」、「龍盤八荒」、「金龍昇天」等陣法[1]，透過團隊長期訓練的默契，往往舞得生動異常，在廟會慶典或是國家重要年度慶典活動，常使場面為之歡欣鼓舞。

宋江陣是台南、高雄地區十分普遍的武陣，在昔日常成為民防的重要力量，在廟會時又可作為保衛神明與香火的護衛隊伍。宋江陣的起源主要有三種說法：一為源自《水滸傳》宋江攻城武陣；二為明代戚繼光練兵用的鴛鴦陣；三為鄭成功藤牌兵。宋江陣在昔日除了是地方武力自衛組織之外，在迎神廟會場合中，人數眾多的宋江陣也頗能展現壯盛的陣仗與武術表演熱鬧氣氛。宋江陣的操演亦含有開路解厄、驅邪除煞和維持秩序等宗

1 吳騰達，1998，《臺灣民間雜技》，頁48。臺北：漢光文化公司。

大溪遶境中的夜光龍

西港香宋江陣

教意味，同時為維持陣勢完整與顯示紀律嚴明。

宋江陣的編制有卅六人、四十二人、五十人、七十二人乃至一百零八人，但一百零八人陣難得一見，且民間相信當出一百零八人陣容易生事出人命，加以目前籌組陣頭人力不足等問題，大多以卅六人陣為主，取其卅六天罡之意。至於宋江陣的表演順序有：發彩、開城門、龍捲水、開斧、兵器表演、蜈蚣陣、謀營、空手連環、八卦陣，其中主陣型都是八卦陣，一場完整陣式拳套下來大約兩小時，因此在一般的廟會場合，表演過程大都經過簡化，有時僅作發彩拜廟的陣式。宋江陣所使用的兵器較普遍的有：頭旗、雙斧、齊眉棍、月牙鏟、踺刀、藤牌和刀、掃刀、鉤、釵、雙刀、雙劍、關刀、鐵尺、雙鐧、傘、耙、雞帚、丈二等，音樂則用能帶動現場武打氣氛的鑼、鼓、鈸。宋江陣在表演前必先以檀香煙潔淨所有兵器與空間，且有「發彩」儀式打圈敬拜田都元帥，隨後才進行各種陣式與兵器、空拳表演。

台南仁德打面宋江陣

宋江陣發彩（西港香）

除了典型的宋江陣之外，台南地區也常見在宋江陣基礎下加以改變成另外一種武陣形式，如以金獅取代宋江陣的頭旗與雙斧而成為金獅陣，或是以童子與白鶴取代頭旗與雙斧而成為白鶴陣，在台南的「西港香」、「土城香」中各有一陣，十分特殊。台南地區的宋江陣、金獅陣、白鶴陣又稱為宋江三陣。

趣味性陣頭、歌舞

趣味陣頭是指帶有逗趣性質的表演團體，演員們也需要某種程度的表演技巧，有固定的組成團體或練習模式，娛樂性質較重。這類陣頭的品類眾多，人數較少，需要相互搭配。目前也漸有職業化的傾向，但表演內容則較為簡單，有時有固定的耍弄模式，如跳鼓陣（涼傘大鼓舞）、水族陣、鬥牛陣、素蘭出嫁陣等。有時則只是裝扮一番、練習一些步子參與踩街，如高蹺陣（需要有較高的技巧）、公背婆等。歌舞式的陣頭也是迎神賽會陣容中常見的隊伍，比較傳統而常見的有民族舞、客家地區的採茶舞、原住民的山地舞，甚至是土風舞等，而當代許多

西港香水族陣

西港香鬥牛陣

素蘭出嫁陣

來自高雄的著名舞團在廟會中表演跳鼓陣

高蹺陣

具有舞蹈訓練基礎的跳鼓陣，也常見在表演跳鼓之餘作歌舞表演。

宗教性陣頭

宗教陣頭是台灣民間較為特殊的陣頭形式，傳統上主要有官將團與神將（偶）團兩大類型，前者如「八家將」、「什家將」、「五營神將」、「官將首」等，後者如「謝范將軍」、「千順將軍」、「太子陣」等。另外也有扮演神明其他部屬者，他們也被認為是神明部屬的化身，如盛行於台南地區的十二婆姐，他們是註生娘娘駕前協助產育的女性使者。晚近也有一些平時從事靈修的信徒，在迎神隊伍中，扮演仙女、仙姑或神明，在拜廟時或歌或舞，十分引人注目。這類陣頭通常帶有濃厚的宗教意味，非如純表演性質的陣頭，參與的成員有時必須經過一定的宗教儀式後方能出陣，如家將團的「開臉」（開面，或戴面具）、「背五峰」、「開光」、「起馬」等。

扮神類神將的出陣，通常帶有驅除邪祟、捉拿鬼魅等一定的宗教功能及意義，出陣時也具有一定的步伐與陣勢，其中又以「八家將」最為著名。八家將的成員並不專指「八位」，有時只有四人或六人成陣，有時是十位、十二位，因成員複雜而不定，故又稱為「什家將」。八家將的由來不一，常見的說法有二：一為「五福大帝」的部將，一為城隍爺的差官。主要成

大稻埕慈聖宮千順將軍

西港香八家將

東港迎王遶境中的十家將

員有持戒棍的甘、柳將軍，與持魚枷的捉神謝將軍、持方牌的拿神范將軍等「前四班」，以及春、夏、秋、冬等「四季神」，除了前四班與後四季之外，若加上文、武判官則稱為「十家將」。不論八家或十家，通常多會在陣前加上挑刑具的什役與分持令牌、令旗的文、武差。早期的家將團只在主神出巡時隨神明出陣，近代則以其具有濃厚、特殊的民俗宗教意象，常常成為民俗表演中的焦點所在，反而逐漸減弱了宗教上的神聖性質。

其次為官將首與八將團，前者發源於新北市新莊地藏庵（俊賢堂），見於文武大眾爺每年的暗訪、遶境中，後者主要見於台北大稻埕霞海城隍與艋舺青山王暗訪、遶境中。而屏東東港可能是擁有扮神類神將團不同類型最多的地區，除了常見的八家將、十家將之外，還有五毒大神、十三金甲戰帥、十二家司、城隍爺廿四司、五靈聖將等十餘個類型。

遶境中的太子神童

台北靈安社謝、范將軍

桃花女是少見的女性神將

麻豆香十二婆姐

⊙八將團：八將團早期稱為打八將或扮八將，主要起源於由信眾自願充當神明駕前部將，最早並沒有固定的人數與組織，而「八將」之意，可以指稱城隍爺駕前的八位神差：日夜遊神、牛馬將軍、金銀將軍、謝范將軍等，主要的執司都是負責拘提、刑罰罪犯鬼魂。其次，八之數主要和八卦的卦象、方位有關，乃是傳統漢人信仰中最具有法力的象徵。八將團的起源最早見於台北大稻埕霞海城隍與艋舺青山王的暗訪、遶境隊伍中，都是由還願扮將腳的信眾所組織而成。青山宮八將團也是台北地區「八將團」三大類型之一，正式成立於 1962 年，其用意主要是將零散還願的裝將信徒加以組織而成為青山王駕前的固定團體，其角色在正式成立之後便已固定，臉譜和服裝也相當樸素而原始。成員主要為左班的四位綠臉大將和右班的四位紅臉大將，以及中央的引路童子等共九位所組成，除左右班頭一位分別持鎖、枷而稱為鎖、枷將軍之外，其餘六位則沒有專屬的稱號，分持火籤鐵鍊、虎頭牌鐵鍊、鬼頭刀、釘錘、虎頭釘板、虎頭鍘等。中央的引路童子一向為孩童所扮演，其裝扮為手持葫蘆燈、臉上畫大鵬鳥臉譜，往往成為陣中十分吸引人的角色，而青山王八將也成為台北地區頗負盛名的扮神類神將陣頭之一。而大稻埕霞海城隍祭典中的「鯤溟八將團」，以城隍尊神駕前八將為基本成員，創立於 1975 年，最初亦由組織零散的裝將還願信徒而成，主要角色即為城隍爺駕前的日夜遊神、牛馬將軍、金銀將軍、謝范將軍等八位，以及虎爺、神虎、麒麟、大鵬、長索、包公、陰陽司官、文武判官等十多名神差，成員數目並不固定，目前已停止出陣多年。此外，還有 1987 年創立於三重台疆城隍廟的「台疆八將團」，在青山宮八將團的編制基礎下加入華麗的服飾（類似官將首）與陣法，近二十年來在台灣蔚為風潮，也成為團數最多的八將團衍派，但一般人很容易將他們和八家將或官將首混淆。

台疆延派八將團服飾與官將首類似

大稻埕鯤溟八將

家將、官將首與八將

⊙八家將與十家將：兩者都是常見的扮神類神將，起源於福州白龍庵五福大帝駕前的家將，主要的差別在於十家將比八家將多了文判官與武判官兩個角色，若是加上挑刑具的雜役（刑具爺）與文差、武差等，角色眾多，故也稱為「什家將」。不論八家將或十家將，主要是以隊伍中的前四班、後四季等八位為主。前四班指的就是兩位拿戒棍（板杯）的日、夜遊神，以及一矮一高的黑、白無常。日、夜遊神最常見的稱謂是甘、柳爺，而黑、白無常就是一般尊稱的范、謝將軍，分別持鎖鍊與枷。而後四季指的是春、夏、秋、冬四季大神，分別手持水盆、火盆、金瓜錘（或大刀）、蛇等。

東港迎王中八家將

十家將比八家將多文、武判官二位成員

⊙官將首：官將首原指眾官將（將腳）的首領之意，起源於 1940 年代之後的新北市新莊地藏庵文武大眾爺暗訪、遶境。官將首最早只有增、損將軍兩位，為地藏王菩薩駕前的將領，後來為了在陣勢上做變化，便將損將軍一分為二，以中央為中尊，再加上兩旁的增、損二將軍，成為最早的三人陣官將首，他們的特徵是頭戴金盔，身穿背甲與龍虎裙，腳穿草鞋，中尊手持三叉與令旗，兩側增損將軍手持鎖鍊與手銬，步伐以俗稱「鬼步」的「三步贊」為主，前兩步踮腳尖，第三步腳根用力著地。隨後也有些官將首團體在基本的三尊之外，增加其他角色如虎爺、白鶴童子、黑白無常等，而成為五位一陣或七位以上一陣者。由於官將首的步伐與陣勢變化相較於八家將來說較為單純，故在短短三十年之間便傳衍到台灣各地，成為目前最常見的扮神類神將陣頭。

青山王八將

新北新莊中港厝官將首為一團五尊

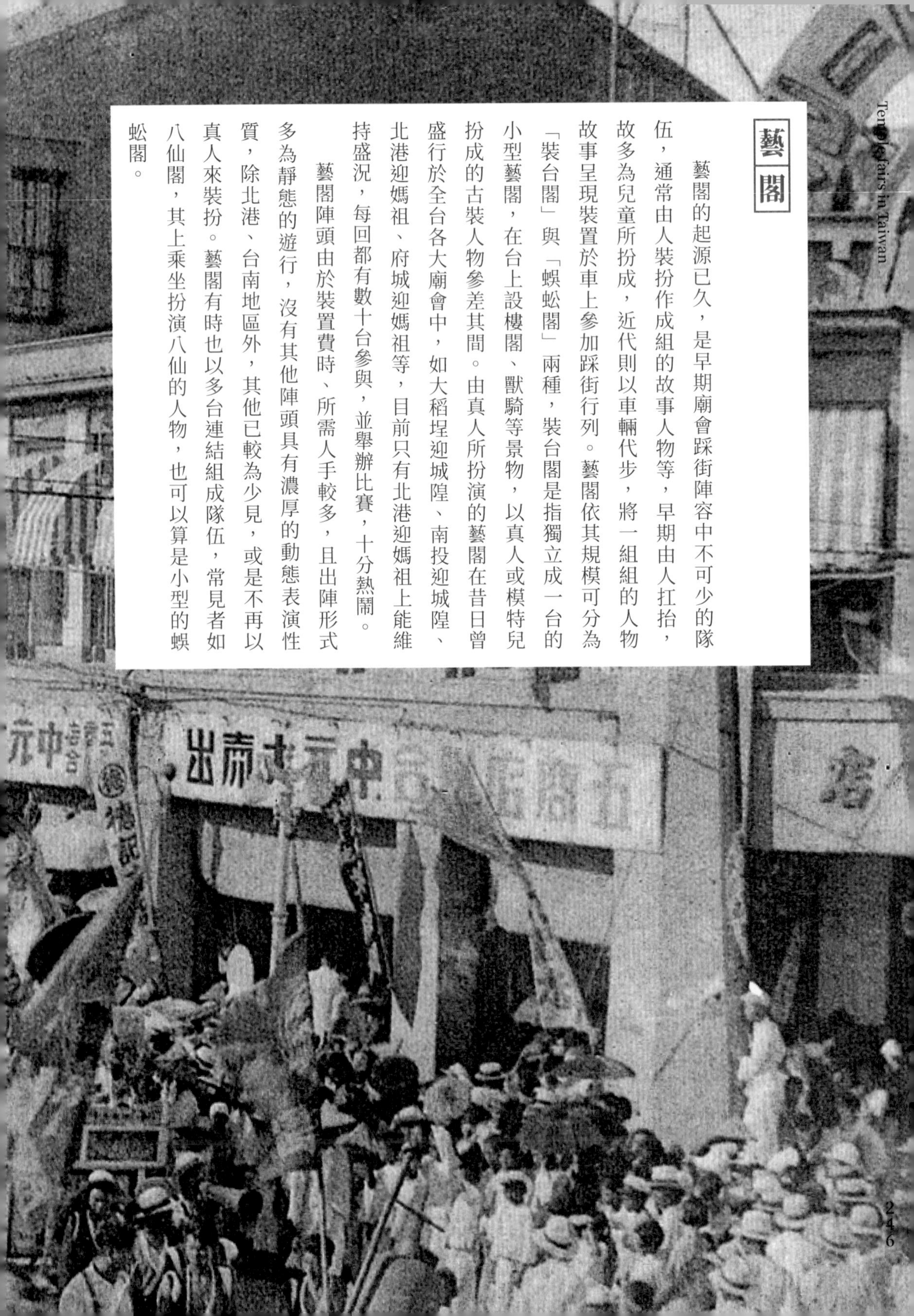

藝閣

藝閣的起源已久，是早期廟會踩街陣容中不可少的隊伍，通常由人裝扮作成組的故事人物等，早期由人扛抬，故多為兒童所扮成，近代則以車輛代步，將一組組的人物故事呈現裝置於車上參加踩街行列。藝閣依其規模可分為「裝台閣」與「蜈蚣閣」兩種，裝台閣是指獨立成一台的小型藝閣，在台上設樓閣、獸騎等景物，以真人或模特兒扮成的古裝人物參差其間。由真人所扮演的藝閣在昔日曾盛行於全台各大廟會中，如大稻埕迎城隍、南投迎城隍、北港迎媽祖、府城迎媽祖等，目前只有北港迎媽祖上能維持盛況，每回都有數十台參與，並舉辦比賽，十分熱鬧。

藝閣陣頭由於裝置費時、所需人手較多，且出陣形式多為靜態的遊行，沒有其他陣頭具有濃厚的動態表演性質，除北港、台南地區外，其他已較為少見，或是不再以真人來裝扮。藝閣有時也以多台連結組成隊伍，常見者如八仙閣，其上乘坐扮演八仙的人物，也可以算是小型的蜈蚣閣。

日治時期的藝閣

學甲香藝閣

日治時期大稻埕藝閣遊行

蜈蚣閣是一種大型藝閣，又稱為蜈蚣棚，由多閣串連成為一個主題，因具有驅毒宗教功能且有「多足」的外觀，故稱為「蜈蚣陣」，盛於台南地區，民間尊稱為「百足真人」。百餘年來民間對於蜈蚣陣也有神話化的觀念，相傳蜈蚣精被王爺收伏為駕前部將，受玉皇上帝封為「百足真人」，故能降妖除魔，為地方帶來合境平安。在民間迎神賽會的出巡遶境中，常屬於前鋒，每到寺廟即「圈廟」三次，表達驅除邪祟之意；也讓信眾穿越蜈蚣腳下祈求平安。所行經之地，家家戶戶都會準備香花鮮果敬奉，也可將衣物擺在地上讓蜈蚣經過為其改運，以求平安；或是讓孩童或大人以S形穿過蜈蚣陣腳下，可庇佑孩童平安長大、大人也能身體健康。台灣南部地區被稱為「百足真人」的蜈蚣閣，在廟會活動中具有明顯除祟、驅邪的宗教功能，因此也可以視為宗教性陣頭。

西港香蜈蚣陣

蜈蚣陣圈廟

曾文溪與百足真人

「百足真人」是民間對於藝閣中的多節型蜈蚣閣的尊稱，常見於舊台南縣（台江內海）地區。蜈蚣陣又稱「蜈蚣棚」，早期由人力扛抬，目前僅存學甲慈濟宮「上白礁」祭典遶境中的蜈蚣陣，其他祭典所見都已改為以輪子推著走。蜈蚣陣的頭與尾裝置多用布或紙糊，中間則有多節的蜈蚣腳構成，常見有三十六節、六十六節，甚至是一百零八節，每一節由兒童裝扮坐於其上，其故事人物採自各種民間戲曲、歷史故事，如《水滸傳》、《隋唐演義》等，每位扮演的孩童稱為「神童」，與傳統的藝閣類似。

台南地區的蜈蚣陣比其他地區興盛，主要和清代的曾文溪有關。由於昔日在堤防尚未完備之前，曾文溪下游經常出現改道、氾濫的情形，對於流域兩旁的生命、房屋等產生巨大的威脅，被台南民間稱為「青瞑蛇」，而傳統信仰中又有蜈蚣可以剋蛇的說法，因此便在廟會中組織蜈蚣陣遶境來加以壓制。目前在台南「香港香」、「佳里香」「麻豆香」、「土城香」、「學甲香」等「刈香」遶境活動中，蜈蚣陣還十分活躍，甚至地方上也有若無蜈蚣陣就不能稱為「香科」的觀念，其中而學甲香的蜈蚣陣比較特別的地方是作「龍頭、鳳尾」造型，不像其他地方多作蜈蚣造型。

麻豆香蜈蚣陣

學甲香蜈蚣陣為龍頭鳳尾

香陣、還願

香陣原為參加進香隊伍陣頭的通稱，後來用於指稱在進香、遶境的行列中，除了文、武、小戲、趣味、宗教等陣頭之外，一些由信眾所組成的各式隊伍，如儀仗隊、繡旗隊、報馬仔、掃路旗、扮將腳等。儀仗隊主要是負責持具有護衛神明的各種器物，如涼傘、搖扇（日月扇、芭蕉扇），書有神明尊諱、寺廟名稱或迴避、肅靜的長腳牌，長棍頂端置有印信、法器與十八班兵器的執事牌等，繡旗隊則是持繡有神明、寺廟名稱與吉祥圖案的旗幟，沿路展示神明的威儀，這些都是神明進香、遶境時壯盛陣容的常見陣勢。其次是為神明開路服務的，常見的如報馬仔或先鋒官，負責沿途告知信眾神明即將來到，同時也為進香的隊伍引路；掃路旗則是手持一根尾端帶有竹葉並繫有黑令的桂竹旗，走在隊伍前端為神明掃清污穢、邪祟；滿路香是挑著香擔與花擔，將神明要走的路散布香氣；還有就是轎前掃，一手持香一手持掃把，沿路為神明清潔道路。以上這類性質的隊伍，經常沒有陣頭一般具有表演的性質，故通稱為「香陣」。

在台灣部分較傳統的進香隊伍中，也有少數信徒帶著「還願」的心理參加，他們身上帶著木製或紙製「枷鎖」，扮演成「犯人」的模樣，帶著懺悔的心理徒步隨行，希望能因此替人受過或是減輕自己罪孽而獲得救

西螺福興宮
報馬仔

西螺福興宮儀仗大牌

贖，除了信仰上的意義之外，也構成進香隊伍中另一種民俗特色，1960年代以前普遍見於台灣各大城隍廟的遶境活動中。還願扛枷較常見的有四方形的「鐵枷」，一般為隨男性神祇（如王爺）進香時所見。另有模仿古代刑具、作雙魚形狀的「魚枷」，通常在跟隨女性神祇（如媽祖）進香時常見。另外，新竹都城隍在陰陽司公出鎮北壇時，消災解厄信眾扛以三把紙刀所組成的「三角枷」則是較為特殊的例子。在「枷」的上面，會貼上書有主神名號的「封條」與還願人的姓名（或是枷的重量）等，以示虔誠。

西港香王駕出巡信眾在神駕前掃路

西螺福興宮儀仗法器

新北新莊大眾爺遶境中的滿路香

香燈腳、服勞役、扮犯

⊙香燈腳：原指跟隨神明進香的信眾，他們的特徵是跟隨在神轎的前後，隨身一支香旗、一個小紙燈籠、一只內置香與金紙等物品的謝籃。進香旗代表領有神明所屬兵將的守護，因此在進香出發（起馬）之前，要先持香旗到寺廟中過香爐向神明報到，進香回程圓滿後，再向神明秉告。由於這些隨香的信眾在以前大多以步行為主，手持香與燈，故稱為香燈腳，後來也見於其他神明出巡（如遶境、暗訪）隊伍中。

艋舺青山王遶境中的香燈腳

⊙服勞役：發願為神明服務的信眾型態之一，主要的特徵是具有勞動性，常見的有掃路、神將腳等。掃路的信眾人手一把掃把，走在神轎前沿路掃地，為神明掃清污穢。神將腳指的是扮演神將的腳力，為神將（常見如官將首、八將等）扛刑具、法器、乾糧、飲水等，這些信眾為了呈現、警惕自身在隊伍中的身分，常見有臉畫面譜、腳穿草鞋的裝扮，稱為「關將腳」。這些神將腳大都是許願而跟隨神明，後來也有被組織成為宗教性陣頭的，如大稻埕與艋舺的八將團，新莊俊賢堂的官將首等。此外，就是在神明出神中負責扛抬神將（大仙尪）的信眾，後來也自稱為神將腳。

台北內湖開漳聖王遶境隨香關將腳

⊙扮犯：就是指神明出巡時扮演罪犯的信眾，主要是希望透過認罪、贖罪的行為，來祈求神明庇佑來改善自身的運途。他們的特徵之一為全身穿著古代罪犯形式的黑衣黑裙（褲）；其次就是在頸肩上帶有枷鎖刑具，即民間俗稱的「夯枷」（此一名詞又用來形容一個人沒罪找罪受）。

西港香王駕出巡信眾扮犯解罪

當代新興陣頭

在1980年代後期台灣政治「解嚴」之後，在民主風氣的開放之下，由於政府的政策不再持續施行「改善民俗」，再加上經濟蓬勃發展，台灣許多地方也熱衷於廟會活動的參與，也產生了一些前所未見的「新興」陣頭，主要有電子琴花車、鋼管吉普車、辣妹熱舞、民族舞蹈、國樂團、特技雜耍等。

電子琴花車約在1980年前後起源於雲林海口地區，其形式是將貨車的後半段改裝成小型花車舞台，妙齡女郎一至三名在移動的舞台上唱歌跳舞，結合當時流行的電子琴伴奏而得名。電子琴花車在數年內帶動了一股陣頭的新潮並流傳遍於全台，除了迎神廟會之外，在婚喪喜慶等場合也常見電子琴花車參與其中，直到2010年左右才逐漸沒落，取而代之為鋼管吉普車、辣妹熱舞以及古典藝術舞、國樂團、特技雜耍等新興陣頭。

鋼管吉普車、辣妹熱舞的形式，主要以年輕女子熱舞，結合重金屬音樂或時下的快節奏流行歌進行表演，他們可以在移動中進行舞蹈表演，也可以停在廟前定點表演，在流程上與傳統廟會中所見的陣頭相差不大，而辣妹熱舞也常以臨時舞台的形式，在廟會路線中做定點表演，也經常吸引民眾圍觀，主要流行於都會地區的廟會，甚至在中部、南部地區出現一些擁有數量眾多「粉絲」的「天團」，也有因此而被挖掘進軍演藝圈的例子。

電子琴花車目前已呈沒落

古典藝術舞、國樂團與特技雜耍等，則是將傳統的舞樂與雜耍帶進廟會中，前兩者表演團體成員多以年輕女性為主，甚至常見大專舞蹈、音樂專業科系學生或畢業生投入，一些演藝品質佳的團體也因此帶動了廟會活動的另一股風潮，擁有不少粉絲。特技雜耍團表演成員則多以男性為主，將傳統特技與雜耍表演帶進廟會中，多以定點表演為主，如耍大旗、跳火圈、耍火球等，其成員多可見到出身於大學劇校學習傳統戲劇的學生或畢業生。這類特技雜耍表演，其歷史可追溯自中國漢代的「曼衍」、「角抵」，與傳統的舞獅、舞龍等表演等具有相似的文化脈絡。

南投城隍暗訪中的表演舞台

遶境中的鋼管吉普車

遶境中的熱舞舞台車

國樂團在車上表演參與遶境

學甲上白礁中的古典舞蹈

古典舞團常成為廟會中的焦點

鋼管吉普車上辣妹熱舞

結語

一心誠敬的社會活動

廟會一向是台灣民間信仰文化中相當重要的一環，也是一般民眾參與程度最高的信仰活動，在昔時以農漁業為主要營生的社會型態中，廟會更是民眾主要的休閒活動之一。隨著二十餘年來民間信仰文化之勃興，台灣許多歷史悠久的廟會活動也在這一風潮之下受到媒體與文化界的關注。近代隨著台灣社會的快速變遷，傳統的廟會文化在外在形式上也受到相當影響，諸如供品的變化，手工食物日漸減少，而大量生產之食品增多；現代化的燈飾（LED）大量被使用，用以裝飾神轎、神桌、壇場等。這種源於現代化所帶來的各種因素，甚至也對祭典核心的神祇信仰與祭典儀式造成影響。但是在當代台灣社會因資訊化之潮流影響，快速吸收外來文化，造成文化形貌與內涵劇烈變遷的情形之下，基於傳統信仰所發展出的廟會文化，除了當代民眾另一種休憩活動之外，亦成為當今社會維續人群穩固、聚落（社區）向心的重要穩定力量，因此而呈現出另一種非凡之意義。

壯觀的醮壇顯示聚落、宮廟對於祭典的重視（台南保西代天府王醮普度壇）

東港神轎以 LED 燈裝飾

凝聚向心

傳統宗教信仰及其活動（廟會），本就具有凝聚人群的重要功能。人類學者指出，宗教可視為一個群體對其社會的共同意識和情感的表現，共同的宗教活動，可以強化一個群體的社會凝聚力。而不論個人或群體，往往藉由各種不同的宗教團體和組織，達成一些實質上的目的或心理上的需求，或透過宗教活動中的種種儀式與行為，表達其信仰心理與內心的各種情感。[1]就較為廣泛的意義來說，「儀式」的行為或現象也可算是一種「活動」，然而，宗教儀式行為由於具有宗教信仰的背景、前提，宗教活動的意義與功能也就有別於一般的人群活動。

因此，宗教儀式或行為，不但是一個社群的集體意識的表徵，具有整合社會的功能，而且也是個人對社群的一種溝通與聯繫；透過宗教活動的參與，往往使一個人從孩童時期開始，便在神聖性和世俗性兩種象徵意含的行為和模式中獲得對信仰和社會的認知，並藉由此方面的種種認知概念，而與其所處的社群達成溝通與整合。在台灣傳統漢人社會中，民間信仰雖然沒有嚴謹的教義和經典，但其信仰理念卻擴散在民間生活各層面，

1 黃美英，〈神聖與世俗的交融——宗教活動中的戲曲和陣頭遊藝〉，頁 80-102。《民間宗教儀式之檢討」研討會論文集》，台北：中國民族學會，1985 年。

新北新莊大眾爺遶境，新莊街信眾置香案接駕。

西港香遶境中家將為信眾進行祭改

因此，在民間的節慶和祭儀活動中，縱使是一些娛樂性、世俗性的表演，當中仍具有信仰的規範和約束力量，而不致流於毫無節度的現象產生。[2]

傳承斷層

近半世紀以來，台灣在經濟活動活絡所導致的社會文化變遷之下，民間信仰與活動有日益世俗化、功利主義化傾向，而傳統漢人社會藉由集體宗教活動而形成的規範力量也漸趨薄弱。也因為文化的急速變遷，與民間宗教信仰因文化變遷所產生的質變，影響所致傳統民間藝術在傳承上出現了嚴重的危機，而這些隱憂在在也都構成台灣在本土文化傳承上的困境。

以台灣南部地區三年舉行一次之迎王祭典為例，除了長達三至九天的祭典期間之外，之前又必須經過經年累月的籌備工作。祭典最後隨著王船的「遊天河」、送走千歲爺之後，逐漸恢復平日的寧靜。雖然節慶的氣氛在送王之後彷彿仍縈繞飄盪在空氣中，但民眾們則逐漸恢復了生活工作的秩序，再度由舉行祭典之「非常」返回打拚工作之「常」，這也是傳統台灣漢人廟會文化的特色之一。祭典活動雖然已經完全結束，但信眾似乎也開始期待三年之後下一次祭典的來臨，在「常」的生活秩序之下，期待下

2 同前註。

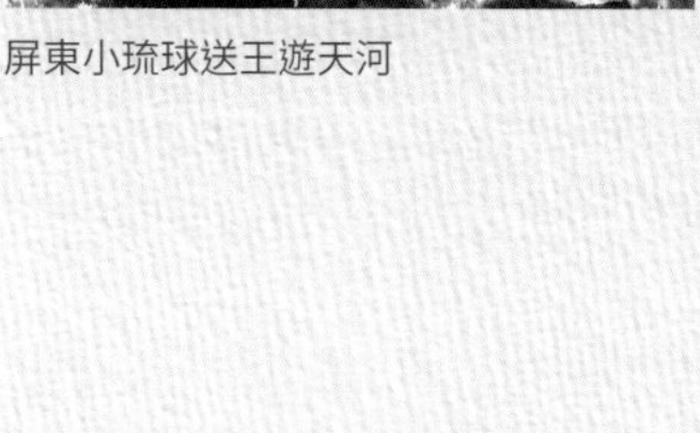
屏東小琉球送王遊天河

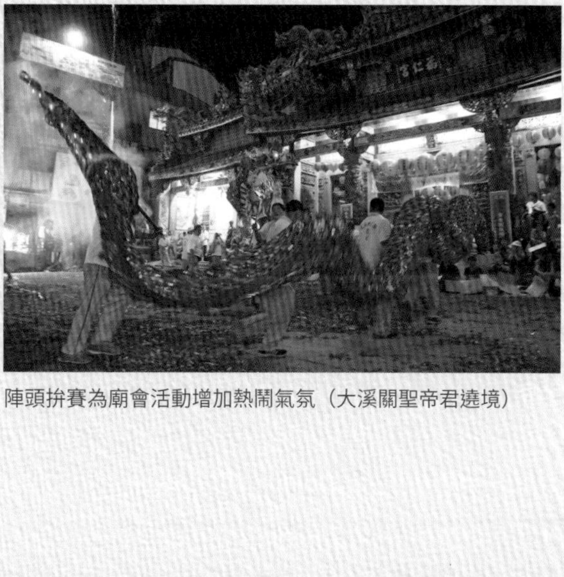
陣頭拚賽為廟會活動增加熱鬧氣氛（大溪關聖帝君遶境）

過多的鞭炮煙火，在都會廟會中對空氣品質造成影響。

藝術舞蹈團的加入，影響了廟會的風貌。

一個節慶活動的「非常」氣氛，固定在每三年一個循環中，共同為一種神聖任務來一次集體的娛樂，這該是傳統台灣漢人民間宗教活動在信仰層面的意義之外，最大、最普遍性的功能吧！

此外，就祭典活動所涉及的信仰現象變遷方面，吾人相信人類文化最可貴處之一即是它本身並非一成不變的，是「活」的，因此也會隨著各種內在與外在等種種因素而產生變化，此亦即人類學家所謂的「文化變遷」理論。雖然造成變遷的原因有所謂多由內在因素所帶來在速度上較為緩和的「內化變遷」，以及多由外在因素文化的現象而導致較為劇烈、快速的「外化變遷」，不管造成變遷的因素為何，文化的現象與內涵就在這種變遷過程中，不斷地加入新的影響變遷因子而衍生新的面貌。我們也可以依照這種文化變遷的觀點，來看待台灣各地廟會的變遷問題。因為，所有被當代視為傳統的事物，在一開始被「創造」出來的時候都是新的。

近年來在整體生活經濟型態驟變的衝擊之下，祭典活動在各面向也不斷的產生各種變遷現象，正如同文化的變遷現象一樣，發生在祭典活動各方面的變遷是無可避免的。但是如何在適應社會變遷之下而調整祭典形式與行事，又不違背傳統信仰活動之精神義理？且更持續能發揮傳統廟會活動「以社會民」的整合、凝

王爺信仰具有驅逐瘟疫的宗教意義（東港迎王代天府）

聚人群、社區之功能？如何在堅持傳統與適應變遷之間如何取得一個平衡點？這個平衡點又必須不僅僅是「妥協」的結果，而是要兼具保存傳統精髓但又能適應現代價值觀取向的平衡，這才是當前舉辦或觀察、研究傳統廟會時最值得關心的課題。

找回廟會文化的內涵

台灣在地信仰的發展與廟會文化的形成，在早期移民墾拓、天災人禍頻仍的背景下，逐漸型塑出幾項主要的特質：鬼靈信仰普遍，除煞驅瘟神祇受重視，講求熱鬧氣氛。由於鬼靈信仰普遍，在民間除了建立了無數大大小小的寺廟宮壇之外，迎神賽會也普受重視，是帶動台灣民間廟會活動興盛的主要原因；其次，由於台灣海島環境多風災、水災、地震等天災，以及相對而來的瘟疫侵擾，使得台灣民間特別崇奉具有除煞、驅瘟等功能的神祇，如王爺、神農大帝、保生大帝等，並帶動了以除煞驅瘟為主的祭典活動之流行。而台灣社會一向具有愛熱鬧、拼面子的集體心理，因此廟會活動除了成為一個呈現熱鬧氣氛的重要場合之外，也成為人們比面子的另類拚賽場域。在當代各種媒體娛樂時興之下，這些因素在在都使得台灣的廟會活動仍能持續保持蓬勃

北港迎媽祖藝閣遶境，在夜間呈現出不同氣氛的熱鬧景象。

興盛的主要因素。

綜觀台灣當代的廟會文化，在社會快速變遷之下已成為保存傳統信仰精神、祭典儀式與戲曲陣頭等民俗的主要「載體」。然而由於晚近民間風氣的自由開放，再加上前述崇信鬼神、愛熱鬧等集體心理，也使得廟會活動出現一些不可忽視的「缺失」，主要有：忽略核心之祭祀禮儀與精神，偏重拚賽之場面與陣仗，造成交通與噪音等環境影響，以及信仰精神與文化傳承之不足等。廟會是以祭祀神祇為核心而發展出的群體性的信仰活動，若是忽略了核心的神祇及其相關祭祀儀式，那麼形之於外的再多場面陳設、表演活動等，也不過只是以拜神為名、徒具形式而缺乏內涵的人群活動。

熱鬧很多人愛看，熱鬧的廟會活動更是台灣當代的重要無形文化資產。面對這些類型多元、形式繁複的廟會，除了看熱鬧之外，敬天崇神、憫恤孤幽的信仰，小從「元辰光彩、五福駢臻」的祈求，大到「風調雨順、合境平安」的願望，其中的義理則是我們不可忽視的內涵與精神。

衷心祈願

台灣民間的廟會活動除了是一種聚集人群的「社會」活動之外，更是以祭祀神靈為核心的信仰活動，在昔日經濟條件不充裕的年代中，人們總

低伏身軀躦轎腳，象徵以誠敬的態度向神明祈求平安。

祭祀者著禮服參與祭典，由外而內表現誠敬的態度（大溪福仁宮開漳聖王聖誕）。

是竭盡所能奉獻自己所擁有最美好的事物，並以「一心虔敬」的恭敬態度以祀奉神靈。彼時雖然許多神靈的造像與供品、祭具，甚至是戲曲歌舞等，在今天看來未免有令人感到樸拙之情形，但卻大多是「用心」的成果，呈現出人們對於「叩答恩光」的虔誠與「祈求平安」的祈願，雖然素樸卻令人感動。然而時至今日，人們的經濟條件普遍寬裕了，能奉獻出更條件更好的事物了，但卻由於虔誠度的日漸下降，出現了許多「便宜行事」的行為，諸如以罐頭、餅乾代替飯菜宴食等行為，或大量使用價格低廉而品質欠佳的祭具、香燭、紙錢，也造成祭祀品質的低落，大大降低了傳統宗教藝術與廟會之美，令有識者感到扼腕。

作為一位長年耕耘於宗教、民俗文化領域的研究者，也是宗教信仰的實踐者，筆者對於台灣的廟會文化仍抱有微薄的展望。肅穆莊重的宗教禮儀，莊嚴素淨的祭祀空間，精緻藝術化的祭具與供品，整齊簡約的服裝與文宣品，敬演頂真的文武陣頭，香炮紙錢之品質提升與減量等。祭祀神靈的行為主要是一種心理與態度，雖然祭祀的氛圍必須透過許多外在的物品與行為、音聲來呈現，但若是缺少了「誠」的心理與「敬」的態度，再多的外在事物也只是淪為裝飾、表演罷了！

「一心誠敬」是心理也是態度，以之祀奉神靈才是最根本的信仰精神（紙糊天公燈座之文圖）。

參考書目

石萬壽，1979，〈重興蔦松街三老爺宮碑記自註〉，載於《南瀛文獻》第24期，頁39-47。

阮昌銳，1990，《中國民間宗教之研究》，台北：台灣省立博物館。

呂理政，1992，《傳統信仰與現代社會》，台北：稻鄉出版社。

林美容，1993，《臺灣人的社會與信仰》，台北：自立晚報文化出版部。

林會承，1985，《清末鹿港街鎮結構研究》，台北：境與象出版社。

李亦園，1992，《文化圖像》（下），台北：允晨文化公司。

李秀娥，2015，《圖解台灣民俗節慶》，台中：晨星出版公司。

李乾朗，1979，《台灣建築史》，台北：雄獅圖書公司。

1986，《台灣的寺廟》，台中：台灣省政府新聞處。

吳騰達，1998，《臺灣民間雜技》。台北：漢光文化公司。

徐福全，1995，《台灣民間祭祀禮儀》。新竹：台灣省立新竹社會教育館。

高有鵬，1999，《中國廟會文化》，上海文藝出版社。

陳　來，1996，《古代宗教與倫理——儒家思想的根源》，北京：三聯書店。

莊芳榮，1987，《台灣地區寺廟發展之研究》，台北：文化大學史學研究所博士論文。

詹鄞鑫，1992，《神靈與祭祀—中國傳統宗教文化綜論》，南京：江蘇古籍出版社。

鈴木清一郎著，高賢治、馮作民編譯：《台灣舊慣習俗信仰》。台北：眾文圖書公司。

劉枝萬，1963，〈清代台灣之寺廟〉，《臺北文獻》4:101～102。
1967，《臺北市松山祈安建醮祭典》，台北：中央研究院民族學研究所。
1983，《台灣民間信仰論集》，台北：聯經出版公司。
黃文博，1997，《台灣民間信仰與儀式》，台北：常民文化有限公司。
2000，《台灣民間藝陣》，台北：常民文化有限公司。
黃美英，1985，〈神聖與世俗的交融—宗教活動中的戲曲和陣頭遊藝〉，收錄於《民間宗教儀式之檢討」研討會論文集》頁 80-102。台北：中國民族學會。
黃清連，2005，〈享鬼與祀神〉，收錄於蒲慕州編《鬼魅神魔—中國通俗文化側寫》。台北：麥田出版社年。
董芳苑，1984[1975]，《台灣民間宗教信仰》，台北：長青文化公司。
謝宗榮，2003，《台灣傳統宗教文化》，台中：晨星出版公司。
2003，《台灣傳統宗教藝術》，台中：晨星出版公司。
2003，《神像與信仰》，台北：鶯歌陶瓷博物館。
2003，《台灣的信仰文化與裝飾藝術》，台北：博揚文化公司。
2005，《台灣的王爺廟》，台北：遠足文化公司。
2005，《台灣的廟會文化與信仰變遷》，台北：博揚文化公司。
2014，《台灣的道教文化與祭典儀式》，台北：博揚文化公司。
2015，《台灣的民俗信仰與文化資產》，台北：博揚文化公司。
2018，《圖解台灣傳統宗教文化》，台中：晨星出版公司。
謝宗榮、李秀娥，2016，《圖解台灣民俗工藝》，台中：晨星出版公司。
蔡相煇，1989，《台灣的王爺與媽祖》，台北：臺原出版社。

國家圖書館出版品預行編目資料

圖解台灣廟會文化事典：廟會實境x角色轉換x進香遶境x祈福拜拜 / 謝宗榮著. -- 初版. -- 臺中市：晨星, 2020.08
面；　公分. --（圖解台灣；26）
ISBN 978-986-5529-33-8(平裝)

1.廟會 2.文化 3.民間信仰 4.臺灣

272.097　　109009387

線上讀者回函，
加入馬上有好康。

圖解台灣 26

圖解台灣廟會文化事典：
廟會實境╳角色轉換╳進香遶境╳祈福拜拜

作者 / 攝影	謝宗榮
主編	徐惠雅
執行主編	胡文青
校對	謝宗榮、胡文青、林品劭
美術設計	陳正桓
封面設計	陳正桓
創辦人	陳銘民
發行所	晨星出版有限公司 台中市407工業區30路1號 TEL：04-23595820 FAX：04-23550581 E-mail：service@morningstar.com.tw http：//www.morningstar.com.tw 行政院新聞局局版台業字第2500號
法律顧問	陳思成律師
初版	西元2020年08月10日
郵政劃撥	22326758（晨星出版有限公司）
讀者服務專線	(02)23672044、(02)23672047
印刷	上好印刷股份有限公司
總經銷	知己圖書股份有限公司 台北 台北市106辛亥路一段30號9樓 TEL：（02）23672044／23672047 FAX：（02）23635741 台中 台中市407工業30路1號 TEL：（04）23595819 FAX：（04）23595493 E-mail：service@morningstar.com.tw 網路書店 http://www.morningstar.com.tw

定價490元
（如有缺頁或破損，請寄回更換）
ISBN：978-986-5529-33-8
Published by Morning Star Publishing Inc.
Printed in Taiwan